山东文化产业
转型升级研究

王元伦◎著

经济管理出版社
ECONOMY & MANAGEMENT PUBLISHING HOUSE

图书在版编目（CIP）数据

山东文化产业转型升级研究/王元伦著 . —北京：经济管理出版社，2023. 9
ISBN 978-7-5096-9267-7

Ⅰ.①山…　Ⅱ.①王…　Ⅲ.①文化产业—产业发展—研究—山东　Ⅳ.①G127. 52

中国国家版本馆 CIP 数据核字（2023）第 179748 号

组稿编辑：张馨予
责任编辑：张馨予
责任印制：张莉琼
责任校对：蔡晓臻

出版发行：经济管理出版社
　　　　　（北京市海淀区北蜂窝 8 号中雅大厦 A 座 11 层　100038）
网　　　址：www. E-mp. com. cn
电　　　话：（010）51915602
印　　　刷：唐山玺诚印务有限公司
经　　　销：新华书店
开　　　本：720mm×1000mm/16
印　　　张：12.75
字　　　数：231 千字
版　　　次：2023 年 9 月第 1 版　　2023 年 9 月第 1 次印刷
书　　　号：ISBN 978-7-5096-9267-7
定　　　价：98.00 元

摘　要

　　随着世界经济的迅速发展，文化经济正在成为各国增强综合实力和提升国际影响力的重要手段。当前，世界政治多极化与经济全球化在动荡不安中面临诸多挑战，各国文化产业发展也深受经济持续衰退、产业波动危机以及突发公共卫生事件的多重叠加影响。面对严峻的经济形势，发达国家为保持自身的竞争优势有意识地降低了文化领域的对外投资力度，全球文化贸易和文化投资的增长均受到一定程度的影响。广大发展中国家为大幅提升在文化产业全球价值链中的地位，不得不加大创意研发的投入，以加速文化产品和服务的转型升级。我国文化产业起步较晚，与发达国家相比，实力差距较为明显。山东既是我国经济大省，也是文化大省，其文化产业的发展也是我国文化产业发展历程的缩影，这些年山东不断在谋求文化产业领域的变革，转变发展方式，积极探索文化产业转型升级的路径，力求成为具有较强竞争力和较高发展质量的文化强省。

　　本书以山东文化产业转型升级为研究对象，将定性研究与定量分析相结合，通过对山东文化产业发展现状与存在问题的系统分析，按照"提出问题—理论探究—现状分析—实证验算—对策建议"的逻辑思路，探究山东文化产业转型升级的内在机理，科学测度山东文化产业转型升级的现实水平及影响因素，这对于制定科学合理的文化产业发展规划，推动山东文化产业迈向高质量发展具有重要现实意义。

　　产业转型升级是一个综合性概念，它是指借助科学技术的创新进步，提高产业经济要素的利用效率和协作程度，以带动产业体系的良性发展和经济发展方式的转变。与传统的第一、第二产业不同，文化产业具有文化和经济的双重属性，这就决定了文化产业转型升级的特殊性。传统产业转型升级的关键在于提高生产资料的利用效率，它对科学技术的要求产生较强的依赖性。而文化产业转型升级的关键是提高文化内容的吸引力，科学技术在此过程中发挥着重要作用，但并不是最核心的要素，最核心的要素是创意和创新能力的发挥。当代文化产业的转型升级是以互联网和数字技术为依托，通过创意和创新能力及产业间的深度融合，推动文化产业结构的优化与要素的重组，实现文化产业发展方式由资源型、粗放化向创意型、集约化转变，提高文化产业的规模化和专业化水平。

山东文化产业的发展在经历了萌芽孕育、初期成长、快速扩张和全面提升4个阶段后，取得了显著的成就，产业规模不断扩大，影响力不断增强。通过对山东文化产业行业现状、区域现状和市场现状的分析，我们发现，山东文化产业的发展存在着产业大而不强、产业体系不完善、产业结构不合理以及产业创新度较低等问题，这些问题严重影响着山东文化产业竞争力的全面提升和可持续发展。因此，对于山东文化产业发展而言，转型升级显得尤为必要和迫切，它是提高文化产业发展质量的根本要求，是转变文化产业发展方式的关键所在，是提升产业竞争力的必由之路。

本书通过运用产业结构超前系数和 Lilien 指数对山东文化产业转型升级的方向和速度进行精准测算。研究结果表明，2015~2019 年较之于 2010~2014 年，山东文化产业转型升级的速度明显加快，全省文化产业呈现出超前发展的特点，劳动密集型文化产业系数不断下降，资本和技术密集型文化产业系数持续上升。同时，本书在借鉴已有研究成果的基础上，结合山东文化产业发展现状，构建了文化产业转型升级水平评价的指标体系，进而对山东文化产业转型升级的现实水平进行测算。结果表明，2010~2019 年，山东文化产业转型升级的水平由 2010 年的 0.192 提升到 2019 年的 0.874，提升效果明显，其中，济南、青岛两地的水平明显高于其他地区，烟台、潍坊、淄博和济宁 4 地紧随其后，威海、聊城、德州、泰安、东营、日照、临沂均低于全省平均水平；在截面数据方面，就 2018 年和 2019 年的数据分析，山东各地市之间文化产业转型升级的水平虽然存在较大差距，但也在不断缩小，除临沂和日照两地外，其他地区的文化产业转型升级水平均为正数。综合来看，无论是山东文化产业转型升级的方向和速度，还是全省文化产业转型升级的水平，都存在地区发展不平衡的问题，东部沿海地区明显领先于中西部地区。在综合研判山东文化产业转型升级现状的基础上，本书将实证分析与理论研究相结合，在案例分析基础上，构建了山东文化产业转型升级影响因素的分析模型。研究结果表明，模型中各指标与文化产业转型升级均存在正相关关系，其中，文化产业管理水平、文化产业创新水平、文化产业人力资源与文化产业转型升级的相关度较高，文化产业结构、文化产业经济指标与文化产业转型升级的相关度相对较低，这主要受山东现实因素的影响。

在定性研究与定量测算的基础上，本书还结合全球产业发展趋势、国内经济发展动态以及区域经济发展环境，提出了山东文化产业转型升级的应对策略，认为应该着力推动文化产业领域科技的创新，促进文化产业业态融合发展，提高文化资源的转化效率，加快现代文化产业体系建设以及协调区域文化产业集群的发展。同时，在政策制定方面，要注重优化文化产业宏观政策环境，完善文化产业制度创新体系，重视文化产业创新人才的培育。总之，山东文化产业转型升级是文化产业总量达到一定规模后必然面临的选择，要积极推进文化产业转型升级，进一步释放出文化生产力与创造创新潜能，最终实现具有较强竞争力和较高发展质量的文化强省的战略目标。

目　录

1 绪　论 ………………………………………………………………… 1

　1.1 研究背景与意义 ………………………………………………… 1

　　1.1.1 研究背景 ………………………………………………… 1

　　1.1.2 研究意义 ………………………………………………… 3

　1.2 国内外相关研究综述 …………………………………………… 4

　　1.2.1 产业转型升级研究 ……………………………………… 4

　　1.2.2 文化产业转型升级研究 ………………………………… 11

　　1.2.3 山东文化产业发展研究 ………………………………… 15

　　1.2.4 文献评述 ………………………………………………… 18

　1.3 研究内容、方法与技术路线 …………………………………… 20

　　1.3.1 研究内容 ………………………………………………… 20

　　1.3.2 研究方法 ………………………………………………… 21

　　1.3.3 技术路线 ………………………………………………… 21

　1.4 研究创新点 ……………………………………………………… 23

2 概念界定与理论探讨 ……………………………………………… 24

　2.1 相关概念 ………………………………………………………… 24

　　2.1.1 产业转型 ………………………………………………… 24

　　2.1.2 产业升级 ………………………………………………… 25

　　2.1.3 文化产业转型 …………………………………………… 26

　　2.1.4 文化产业升级 …………………………………………… 27

2.2　理论基础 ·· 28

　　2.2.1　产业组织理论 ······················· 28

　　2.2.2　产业结构理论 ······················· 30

　　2.2.3　产业布局理论 ······················· 33

　　2.2.4　产业政策理论 ······················· 34

　　2.2.5　产业创新理论 ······················· 36

2.3　文化产业转型升级的动力因素 ············· 38

　　2.3.1　宏观动力因素 ······················· 38

　　2.3.2　微观动力因素 ······················· 44

2.4　文化产业转型升级的趋势 ·················· 47

　　2.4.1　创意化 ······························ 47

　　2.4.2　融合化 ······························ 48

　　2.4.3　数字化 ······························ 50

　　2.4.4　集群化 ······························ 51

　　2.4.5　国际化 ······························ 53

2.5　本章小结 ······························· 55

3　山东文化产业发展现状与存在的问题 ············· 56

3.1　山东文化产业的发展历程 ·················· 56

　　3.1.1　文化产业的萌芽阶段（1978～1991 年）····· 56

　　3.1.2　文化产业的初步成长阶段（1992～2001 年）··· 58

　　3.1.3　文化产业的快速扩张阶段（2002～2011 年）··· 60

　　3.1.4　文化产业的全面提升阶段（2012 年至今）···· 62

3.2　山东文化产业的基本现状 ·················· 66

　　3.2.1　文化产业的行业状况 ················· 67

　　3.2.2　文化产业的区域状况 ················· 70

　　3.2.3　文化产业的市场状况 ················· 71

3.3　山东文化产业发展存在的问题与成因分析 ···· 74

　　3.3.1　存在的问题 ························· 74

　　3.3.2　成因分析 ··························· 86

3.4　山东文化产业转型升级的必要性和紧迫性 ···· 88

      3.4.1 提高文化产业发展质量的根本要求 ·················· 88

      3.4.2 转变文化产业发展方式的关键所在 ·················· 90

      3.4.3 提升产业竞争力的必由之路 ······················ 91

   3.5 本章小结 ································· 92

4 山东文化产业转型升级的方向和速度测度 ·················· 93

   4.1 山东文化产业转型升级方向测度 ···················· 93

      4.1.1 文化产业转型升级方向的测度模型 ·················· 93

      4.1.2 文化产业转型升级方向的测度结果 ·················· 94

   4.2 山东文化产业转型升级速度测度 ···················· 100

      4.2.1 文化产业转型升级速度的测度模型 ·················· 100

      4.2.2 文化产业转型升级速度的测度结果 ·················· 101

   4.3 本章小结 ································· 104

5 山东文化产业转型升级的动态演化与水平评价 ·············· 106

   5.1 山东文化产业转型升级的动态演化 ·················· 106

      5.1.1 文化产业转型升级动态演化的动因 ·················· 106

      5.1.2 基于动态演化的山东文化产业转型升级路径 ·········· 108

   5.2 山东文化产业转型升级水平的评价 ·················· 112

      5.2.1 文化产业转型升级水平评价指标体系的构建 ·········· 112

      5.2.2 文化产业转型升级水平的测算 ···················· 114

   5.3 本章小结 ································· 121

6 山东文化产业转型升级的案例分析与影响因素模型构建 ······ 123

   6.1 山东文化产业转型升级的相关案例 ·················· 123

      6.1.1 山东出版集团有限公司 ························ 123

      6.1.2 台儿庄古城文化产业园 ························ 129

      6.1.3 山东影视传媒集团 ···························· 134

      6.1.4 启示 ···································· 140

   6.2 山东文化产业转型升级影响因素模型构建 ·············· 141

      6.2.1 指标的选取 ······························· 141

6.2.2　模型的构建 ……………………………………… 144

　　　　6.2.3　模型的检验 ……………………………………… 146

　　　　6.2.4　实证结论 ………………………………………… 152

　　6.3　本章小结 ………………………………………………… 153

7　山东文化产业转型升级的对策与政策建议 ………………… 154

　　7.1　山东文化产业转型升级的外部环境 ………………… 154

　　　　7.1.1　全球产业发展趋势 …………………………… 154

　　　　7.1.2　国内经济发展动态 …………………………… 156

　　　　7.1.3　区域经济发展环境 …………………………… 158

　　7.2　山东文化产业转型升级的对策 ……………………… 159

　　　　7.2.1　推动文化产业技术进步 ……………………… 160

　　　　7.2.2　促进文化产业融合发展 ……………………… 161

　　　　7.2.3　提高文化资源转化效率 ……………………… 163

　　　　7.2.4　加快现代文化产业体系建设 ………………… 164

　　　　7.2.5　协调区域文化产业集群发展 ………………… 166

　　7.3　政策建议 ……………………………………………… 167

　　　　7.3.1　优化文化产业宏观政策环境 ………………… 168

　　　　7.3.2　完善文化产业制度创新体系 ………………… 169

　　　　7.3.3　重视文化产业创新人才培育 ………………… 170

　　7.4　本章小结 ……………………………………………… 172

8　研究结论与展望 …………………………………………… 173

　　8.1　研究结论 ……………………………………………… 173

　　8.2　研究不足与展望 ……………………………………… 175

参考文献 ………………………………………………………… 177

致　谢 …………………………………………………………… 189

后　记 …………………………………………………………… 191

1 绪 论

1.1 研究背景与意义

1.1.1 研究背景

对于经济发展模式的探究，历来是各国政府和学术界持续关注的焦点。在高消耗、高污染、低产出的农业、工业向低消耗、低污染、高产出的新兴产业转变的过程中，文化产业已经成为全球公认的"朝阳产业"。文化产业不仅是发达国家变革经济发展模式的重要方式，而且成为文化产业发达国家向其他国家和地区输出文化以及进行文化控制力的关键手段。在全球化深层变革的背景下，世界各国不仅面临政治、经济、社会、文化的危机，而且更亟须寻求应对危机的方法和手段。文化产业与生俱来的文化和经济的双重属性，使其在应对经济、社会和文化等方面的挑战时具备先天的优势，由此看来，文化产业的发展已经超越了法兰克福学派的社会批判的范畴，并且逐渐成为全球治理层面的重要手段。

经济全球化进程的加速发展，使得小范围的经济动荡往往演化为世界性的金融危机，与实体经济受到的强烈冲击相比，文化产业所受影响较小，在某些国家和地区甚至出现了逆势上扬的现象。有学者认为，美国的经济危机推动了好莱坞影视产业的发展，经济环境的恶化和萧条，一方面降低了人们在购物、置业等物质方面的奢侈性消费支出，另一方面促使人们为排解经济危机所带来的烦恼而追求精神层面的压力释放，进而拉动了包括影视产业、游戏产业、娱乐产业、旅游产业等方面的文化消费需求。① 据美国电影协会公布的数据显示：美国在 20 世纪的四次经济低谷中，电影票房出现了三次飙升；尽管 2001 年 3 ~ 11 月，美国经济出现了严重的下滑趋势，但是同期的好莱坞电影票房不降反升，与 2000 年同期相比由 77 亿美元增长到 84 亿美元。② 由此可见，全球性的金融危机所带来的经济衰退对包括第一和第二产业在内的实体经济造成了严重的冲击，而大力发展文化产业反而成为世界各国克服和解决经济发展危机的重要手段。通过制定与文化产业发展相关的发展战略和规划，已经成为越来越多的发达国家推动经济发展转型升级的重要举措，如英国的创意产业战略、日本和韩国的"文化立国"战略、新加坡的"创意新加坡"计划、法国的"文化大工程"计划、德国的"文化国家战略"，以及澳大利亚的"创意国家战略"等。③

与发达国家对文化产业的重视程度相似，自从"文化产业"的概念出现在《中共中央关于制定国民经济和社会发展第十个五年计划的建议》开始，我国政府通过多种举措大力推动文化产业的发展。经过多年的努力，我国的文化产业取得了显著成就，根据国家统计局公布的数据显示，2018 年全国文化及相关产业增加值达到 41171 亿元，占 GDP 的比重达到 4.48%。④ 与全国文化产业的发展态势相似，作为我国的文化大省，自改革开放以来，山东的文化发展建设成效令人瞩目，有关文化事业与文化产业发展的一系列战略及政策的出台，极大地推动了全省文化产业的迅速崛起。根据山东省统计局公布的数据显示，2017 年全省文化产业增加值达到 3018.04 亿元，比 2004 年增长 10.5 倍，年均增速 19.8%，文化产业增加值占 GDP 的比重由 2004 年的 1.91% 提高到 2017 年的 4.16%，年均提高 0.17 个百分点。⑤ 尽管山东文化产业增加值的规模一直稳居全国前列，但是与京、沪、粤、浙、苏等文化产业发达地区相比，文化产业增加值占 GDP 的比重不高，文化产业上市公司的数量偏少、体量偏低，这表明山东文化产业的总体实力不强且对地区经济增长的贡献度不高。与此同时，由于生产要素、市场需

① 熊澄宇. 世界文化产业研究 [M]. 北京：清华大学出版社，2012：54-56.
② 向勇. 文化的流向：发展文化产业学论稿 [M]. 北京：中国文联出版社，2016：39-40.
③ 张胜冰，徐向昱，马树华. 世界文化产业导论 [M]. 北京：北京大学出版社，2014：16.
④ 国家统计局. 2018 年全国文化及相关产业增加值占 GDP 比重为 4.48% [EB/OL]. http://www.stats.gov.cn/xxgk/sifb/zxfb2020/202001/t20200121_176775.html，2020-01-21/2020-02-24.
⑤ 山东统计局. 改革开放 40 年山东经济社会发展成就系列报告之十五：改革释放文化活力开放绽现齐鲁芳华 [EB/OL]. http://tjj.shandong.gov.cn/art/2018/12/24/art_104037_7817875.html，2018-12-24/2020-03-20.

求、相关支持产业和产业组织四个部分之间联动协调发展机制的缺乏，限制了山东文化产业体系的进一步完善。行业结构的不协调、不完整以及区域结构的不平衡、不合理等深层次问题，严重制约了山东文化产业的高质量发展。此外，山东文化企业科技含量偏低，科研创新能力不强，不仅影响了全省文化产业创意创新水平的提升，而且阻碍了由"内容产业"到"版权产业"的资本化转化。总体来看，山东文化产业的发展存在大而不强、产业体系不完善、产业结构不合理以及产业创新度不高等问题。因此，推动文化产业转型升级，实现文化产业高质量发展成为当前迫切任务。

文化产业转型升级在本质上是文化产业发展方式的转变，是从量变到质变的过程。山东文化产业发展当总量达到一定规模后必然面临这样的难题，它受需求、供给、政策机制等多重因素的影响和制约。在此背景下，加快推进山东文化产业的转型升级，可以进一步发挥文化产业在全省经济发展中的引导作用，有效贯彻和落实文化强省战略目标，进而推动山东综合竞争力的提升。本书以山东文化产业转型升级为研究重点，通过对山东文化产业发展中存在的问题进行深入分析，将理论阐释与计量分析相结合，以期为山东文化产业的高质量发展提供科学依据。

1.1.2　研究意义

转型升级是山东文化产业高质量发展的内在要求，是促进全省社会经济发展的重要举措，因此，在供给侧结构性改革和新旧动能转换的背景下，本书通过分析山东文化产业发展的现状与存在的问题，提出具体对策与政策建议，这对于推动山东文化产业转型升级具有突出的理论意义和现实意义。

从理论意义来看，产业的转型升级属于产业经济学的重要研究范畴，涉及很多重要理论问题。对于山东文化产业转型升级而言，这一研究可以拓展有关研究领域，深化对产业转型升级的理论认识。首先，本书是对文化产业理论研究的深化和拓展，在综合评述既有研究成果的基础上，明确文化产业转型升级的内涵、动力、趋势及模式等理论问题，能够促进文化产业转型升级相关理论研究的系统化、规范化。其次，本书丰富和发展了产业经济学的理论体系，尝试建立量化模型检测山东文化产业转型升级的水平和影响因素，从文化产业的个别领域上升到产业经济学的一般范畴。最后，本书拓展了区域文化产业的研究领域，采用定性分析与定量研究相结合的方法为研究区域文化产业的转型升级提供理论参照。

从现实意义来看，山东作为我国的经济大省和文化大省，在经济发展下行压力大、产业结构不平衡、人口红利优势逐步丧失、资源环境问题突出等多重现实背景下，通过对山东文化产业转型升级的研究，能够提高对宏观经济转型升级的认识，增强对文化产业发展的重视程度，这对推进山东产业结构的调整具有重要现实意义。当前，山东的文化产业发展存在以下三个特点：第一，山东文化产业的发展水平与文化产业发达地区相比，差距较为明显，总体质量不高；第二，从总体上看，山东传统文化产业业态实力较为雄厚，但文化产业新兴业态的总体水平较为低下；第三，受现实经济状况和资源禀赋差异的制约，山东各地市文化产业的发展水平呈现出较大差异，文化产业空间分布不均衡的现象十分突出。因此，本书通过对山东文化产业转型升级问题的研究，有针对性地对存在的问题给予解释并提出对策建议，以期为山东文化产业转型升级研究提供可行的分析视角，增强对山东文化产业发展的科学性和前瞻性认识，提升理论研究对山东文化产业转型升级实践的指导作用。

1.2 国内外相关研究综述

1.2.1 产业转型升级研究

国外学者对于产业转型升级的研究始于企业转型升级的探讨，我国学者对于产业转型升级的探究明显晚于国外学者。纵观国内外学者的研究成果，可以发现，学术界对于产业转型升级的研究主要集中在内涵、路径、评价指标以及政策建议等方面。

1.2.1.1 关于产业转型升级内涵的研究

由于产业转型升级是一项复杂的系统性工程，不同学者站在不同的视角对其内涵的理解难以达成一致。总体来看，大部分研究是从"产业转型""产业升级"两个维度对其内涵进行界定的。

初期关于产业转型的研究基础是微观的企业行为，其内涵主要涉及产业层面的调整问题。Adams（1984）将转型视为彻底改变现存系统思维和行为方式的过

程，在此过程中会建立一个与旧系统相联系的新系统①。Erickson 和 Kuruvilla
（1998）指出企业借助适应或变革来完成转变的过程就是产业转型的过程②。
Locke 和 Kochan（1998）通过对美国产业转型的考察，认为产业转型是一个涵盖
工作人员、产业组织、工资体系、就业环境等因素在内的产业内部交易场所改变
的过程③。随着世界经济发展形势的变化，产业转型的研究视角也在不断地丰
富。Noren（1998）在设计开放经济的多部门可计算一般均衡模型时，认为产业
转型涉及产业结构调整、产业机制再造、政府规制创新等内容④。Worrel（1999）
在研究社会、技术和环境变化之间的关系时，指出产业转型的实质是人类与生态
环境关系的系统以及系统变化⑤。Rotmans（2000）从城市管理视角切入，指出
产业转型是一个涉及社会、经济、生态和制度等多层次、多维度的社会子系统的
结构变化过程⑥。受国外学者的影响，我国学者也对产业转型的内涵进行了探
讨。张建平（1999）认为，产业转型是产业结构由低级转入高级的升级换代过
程，在此过程中，支柱产业会发生转换，劳动、资金、技术等生产要素的投入比
例也会改变⑦。景维民（2003）从制度经济学的视角将产业转型界定为一个以新
制度代替旧制度的过程⑧。郭飞斌（2006）从社会可持续发展视角入手，指出产
业转型本质上是经济活动全过程的转型，具体表现为生产与消费过程的转型⑨。
毛蕴诗（2008）指出，产业结构合理、优化的调整过程以及企业从低附加值向高
附加值、高加工度、高技术的转变过程就是产业转型⑩。随着全球经济环境的变
化和研究的深入，产业转型的研究重心逐渐由微观层面的企业机制转移到宏观层
面的经济发展体制和机制上。卓勇良（2010）认为，产业转型是涵盖产业结构调

---

① Adams J D. Transforming Work [M]. Alexandria, VA: Miles Review Press, 1984: 10-13.

② Erickson C L, Kuruvilla S. Industrial relations system transformation [J]. Industrial and Labor Relations Review, 1998, 52 (1): 3-21.

③ Locke R, Kochan T. Conclusion: The Transformation of Industrial Relations: A Cross-National Review of the Evidence. Employment Relations in a Changing World Economy [M]. Cambridge: MIT Press, 1998: 359-384.

④ Noren R. Industrial Transformation in the Open Economy: A Multisectoral View [J]. Journal of Policy Modeling, 1998, 20 (1): 111-117.

⑤ Worrell E. Industrial Transformation Science Plan [R]. IHDP Report No. 12, Bonn, Germany, 1999.

⑥ Rotmans J. Towards an Integrated Approach for Sustainable City Planning [J]. Journal of Multicriteria Decision Analysis, 2000, 9 (1-3): 110-124.

⑦ 张建平. 澳门信息业发展与产业转型 [J]. 广东社会科学, 1999 (4): 18-22.

⑧ 景维民. 转型经济学 [M]. 天津: 南开大学出版社, 2003: 50-52.

⑨ 郭飞斌. 新型城市化与工业化道路——生态城市建设与产业转型 [M]. 北京: 经济管理出版社, 2006: 84-85.

⑩ 毛蕴诗. 从广东实践看我国产业的转型、升级 [J]. 经济与管理研究, 2008 (7): 15-23.

整、产业技术水平提升和产业组织形态变革等因素的综合概念①。

与产业转型内涵界定的演变历程相似，产业升级的内涵界定也经历了由微观到宏观的变化。Gereffi（1999）从全球价值链的角度切入研究，他认为，产业升级就是一个经济组织由低技术水平、低获利能力的领域向更高领域的转移过程②。Humphrey 和 Schmitz（2000）提出，企业借助技术更新和市场拓展等方式来提高产品的附加值，以改善市场竞争能力的过程就是产业升级，根据牵涉范围的大小，可以把产业升级进一步细分为企业内部、企业之间、本土或国家内部以及国际性区域四个层次，在此基础上，他们提出在全球价值链视角下，工艺流程、功能、产品以及价值链的升级是产业升级的主要模式。③ 随着世界经济发展形势的变化和学术研究的深入，对产业升级概念的探讨逐渐聚焦于具体效果上，特别是产业升级对产业结构的影响成为学者们争相讨论的重点，国内学者是这方面的代表。刘树成（2005）将产业升级的概念等同于产业结构升级的概念，即产业结构由低级向高级提升的过程④，由于产业结构升级只是产业升级的一个效果，此种看法显然不够严谨，以偏概全。姜泽华和白艳（2006）认为，产业升级和产业结构升级是两个既区别又联系的概念，产业升级是指特定产业萌芽、形成、成熟和衰退的过程；产业结构升级是一个动态的过程，它主要包括产业结构规模的扩大和产业结构水平的提高⑤。与姜泽华等的观点相似，潘冬青和尹忠明（2013）认为，产业结构升级只是产业升级的一个层面，产业结构升级和产业升级所对应的主体分别是产业结构和产业体系，产业结构升级表现为低级形态向高级形态的变化，产业升级主要是指产业体系内部各生产要素的提升⑥。以金碚（2014）为代表的学者认为，从本质上看，产业升级是技术进步的结果，它是企业在市场配置资源的过程中激发的创新性和革命性的彰显⑦。

① 卓勇良．日本经济格局与结构变动及其对浙江的启示［J］．商业经济与管理，2010（11）：53.

② Gereffi G. International Trade and Industrial Upgrading in the Apparel Commodity Chains［J］．Journal of International Economics，1999（48）：37-70.

③ Humphrey J，Schmitz H. Governance and Upgrading：Linking Industrial Cluster and Global Value Chain［R］．IDS Working Paper 120，Brighton：Institute of Development Studies，2000.

④ 刘树成．现代经济辞典［M］．南京：江苏人民出版社，2005：7.

⑤ 姜泽华，白艳．产业结构升级的内涵与影响因素分析［J］．当代经济研究，2006（10）：53-56.

⑥ 潘冬青，尹忠明．对开放条件下产业升级内涵的再认识［J］．管理世界，2013（5）：178-179.

⑦ 金碚．工业的使命和价值——中国产业转型升级的理论逻辑［J］．中国工业经济，2014（9）：51-64.

1.2.1.2 关于产业转型升级路径的研究

对于产业转型升级路径的研究，国内外学者主要从价值链、技术创新、动态能力等方面进行了探讨。在此基础上，部分国内学者针对我国不同区域产业转型升级的路径展开了一系列的实证分析。

全球价值链理论是早期研究产业转型升级路径的主要视角，Gereffi（1999）认为品牌决定了参与国际贸易的竞争力，对于工业后进国家而言，逐步打造并且形成自主品牌是实现本国产业转型升级的关键路径[①]。以东南亚和南美国家为代表的发展中国家，在工业化的初期，这些国家往往在劳动力方面具有先天的优势，但随着工业化进程的加速推进，这些国家的劳动力优势不复存在。因此，属于劳动力密集型产业的服装纺织行业不得不面临转型升级的压力，Humph-rey 和 Schm-itz（2000）提出产品升级、工艺流程升级、功能升级和链条升级是解决这一难题的有效路径[②]。20 世纪 90 年代以来，国际分工的进一步细化使得各国的比较优势集中于价值链的某一环节，孙文远（2006）从产品内价值链分工的视角切入产业转型升级的研究，他认为提升企业的自生能力和核心能力建设、推动产业集群发展、加强政策支持力度是嵌入全球价值链的主要方式，也是我国产业转型升级的主要路径[③]。受各国比较优势的影响，不同国家参与全球价值链的环节也存在差异，如张其仔（2008）认为，比较优势的变化带动了全球价值链参与位置的改变，比较优势演化理论不仅能够预见产业转型升级可能面临的风险，而且可以为产业转型升级提供具体的路径指导[④]。在 2008 年全球金融危机和新产业技术革命的双重背景下，我国产业转型升级的环境更为复杂，朱瑞博（2011）指出，形成以龙头企业为核心的产业链整合机制，构建核心的技术链与产业链，是实现区域产业转型升级的主要路径[⑤]。

随着研究深入，学术界的研究视角逐渐由全球价值链转移到技术创新。Bell 和 Albu（1999）认为产业集群是发展中国家提高产业竞争力的主要方式，科技

① Gereffi G. International Trade and Industrial Upgrading in the Apparel Commodity Chains [J]. Journal of International Economics，1999（48）：37-70.

② Humphrey J, Schmitz H. Governance and Upgrading：Linking Industrial Cluster and Global Value Chain [R]. IDS Working Paper 120，Brighton：Institute of Development Studies，2000.

③ 孙文远. 产品内价值链分工视角的产业升级 [J]. 管理世界，2006（10）：155-157.

④ 张其仔. 比较优势的演化与中国产业升级路径的选择 [J]. 中国工业经济，2008（9）：58-68.

⑤ 朱瑞博. 核心技术链、核心产业链及其区域产业跃迁式升级路径 [J]. 经济管理，2011（4）：43-53.

是保持集群竞争力的基础，因此借助技术研发能力的提升来形成其他产业难以复制的核心竞争力与产业价值是产业转型升级的主要路径①。查尔斯·琼斯（2002）通过构建熊彼特创新机制模型，发现技术创新是经济增长的重要引擎，更是产业转型升级的主要推动力②。传统产业向战略性新兴产业的转型升级是经济后发国家和地区普遍面临的难题，张银银和邓玲（2013）认为，产业创新始终作用于转型升级的每个环节，其中技术创新在转型升级后端的作用更为突出，它既可以将创新与传统产业价值链结合在一起，又能实现新兴产业的培育③。

随着我国经济体制改革进入深水区，部分国内学者的研究重心转向产业转型升级的制度安排上。20 世纪末期的"东亚奇迹"被视为经济落后国家或地区赶超发达国家的典范，林毅夫等（1999）在分析其原因时指出，发挥每个经济发展阶段资源禀赋的比较优势是关键，政府政策是推行比较优势战略的保障，规则与法律的制定实施、产业政策的引导落实等内容是政府维护市场竞争性的主要制度安排④。刘志彪和陈柳（2014）认为，在经济"新常态"的背景下，"提高生产率"是推进产业转型升级的政策标准和主线，加大政府与企业的研发投资、深化经济体制改革、推进创业创新平台建设以及加强职业技术人才的培养等措施是政府在转型升级中的有效作为⑤。随着我国经济发展步入新常态，传统产业呈现出"贫困化"增长的问题，李鹏飞（2017）认为理念转变、技术支持、标准完善、机制优化等内容是破解该难题的政策着力点⑥。

在理论研究的基础上，部分国内学者尝试运用实证分析的方法探讨产业转型升级的路径问题，这些研究多集中于长三角、珠三角等东部沿海经济发达地区。宋巍和顾国章（2009）利用长三角地区制造业的数据对产业间和产业内两种转型升级路径进行了实证分析，研究表明，长三角地区产业转型升级的主要路径为产

① Bell M，Albu M. Knowledge Systems and Technological Dynamism in Industrial Clusters in Developing Countries［J］. World Development，1999，27（9）：1714-1734.

② 查尔斯·琼斯. 经济增长导论［M］. 舒元，等译. 北京：北京大学出版社，2002：127-135.

③ 张银银，邓玲. 创新驱动传统产业向战略性新兴产业转型升级：机理与路径［J］. 经济体制改革，2013（5）：97-101.

④ 林毅夫，蔡昉，李周. 比较优势与发展战略——对"东亚奇迹"的再解释［J］. 中国社会科学，1999（5）：4-20.

⑤ 刘志彪，陈柳. 政策标准、路径与措施：经济转型升级的进一步思考［J］. 南京大学学报，2014（4）：48-56.

⑥ 李鹏飞. 促进传统产业转型升级的政策转型研究——基于产业技术经济特征的分析［J］. 当代经济管理，2017（10）：44-48.

业内升级，存在比较优势断档风险的劳动—资源密集型产业是亟须升级的产业类型①。我国珠三角地区的经济增长是基于国际代工的外向型经济发展模式，它是以低要素嵌入全球价值链中，长期处于价值链的低端环节，产业亟须转型升级为创新型经济发展模式。赵玲玲（2011）实证分析了该区域在产业转型升级过程中出现的问题，指出发挥政府在宏观信息上的优势是实现转型升级的主要路径②。在经济新常态的背景下，经济欠发达地区同样面临产业转型升级的难题，汪德荣（2015）以南宁市为例分析了新常态背景下欠发达地区工业转型升级的路径问题，通过设计指标体系判定南宁市处于工业化中期阶段的起步时期，进而提出结构效益型、创新驱动型、高附加值型、集约型生产、产业集群型是经济后发达地区工业转型升级的主要路径③。

1.2.1.3 关于产业转型升级水平评价的研究

早期学者们关于产业转型升级水平评价体系的构建主要是围绕劳动生产率这一单一指标展开的，随着研究的深入，学者们发现产业转型升级水平的评价体系还包括了生态环境、能源消耗、产业结构优化等多指标、多层次的因素。1973年12月，Kuznets在瑞典斯德哥尔摩发表的关于经济增长的演讲中，提出可以用劳动力在各产业间的转移来测定产业转型升级水平，这是国外比较早的关于指标体系构建的论述④。与国外学者相比，国内学者对于产业转型升级水平评价的研究更为积极。程惠芳等（2011）在分析全国31个省份经济转型升级能力时，从经济发展与民生改善能力、技术创新能力、产业提升能力、国际化发展能力和节能减排能力五个方面建立评价指标体系，在此基础上，运用指标权重线性加总的办法来计算各省份的产业转型升级指数⑤。国内部分学者将产业转型升级的评价与产业结构转型升级的评价联系在一起，尽管这种做法不够严谨，但是对于产业转型升级评价体系的构建仍然有一定的借鉴意义。

1.2.1.4 关于产业转型升级政府政策的研究

关于产业政策的研究可以追溯到十四五世纪的重商主义经济思想，重商主义

① 宋巍，顾国章．关于我国制造业产业升级路径的考察［J］．商业时代，2009（18）：103-104.

② 赵玲玲．珠三角产业转型升级问题研究［J］．学术研究，2011（8）：71-75.

③ 汪德荣．新常态下欠发达地区工业转型升级路径研究——基于南宁市的实证研究［J］．广西师范学院学报（哲学社会科学版），2015，36（5）：24-32.

④ Kuznets S. Modern Economic Growth：Findings and Reflections［J］．The American Economic Review，1973，63（3）：247-258.

⑤ 程惠芳，唐辉亮，陈超．开放条件下区域经济转型升级综合能力评价研究——中国31个省市转型升级评价指标体系分析［J］．管理世界，2011（8）：173-174.

经济学家认为政府强有力的贸易保护政策利于获得贸易顺差。19 世纪 30 年代以来，美国政府根据汉密尔顿的《关于制造业的报告》推行了一系列的产业政策以促进本国"幼稚产业"的发展，引起了产业政策研究的热潮。在战后日本经济复兴崛起的过程中，政府产业政策起到了举足轻重的作用，相关的研究视角也越来越丰富。

国外学者普遍认为，政府政策可以为产业转型升级提供必要的保障。在产业技术研发创新的过程中，尽管企业投资者往往需要投入巨额的人力、物力和财力，但是最终的收益却很可能低于支出，因此 DeLong（1995）认为政府出台相关的产业扶持政策对于完成转型升级是十分必要的[1]。20 世纪 50 年代以来，以日本为代表的亚洲经济迅速崛起，Poh-Kam Wong 和 Chee-Yuen Ng（2001）在相关的研究中指出，尽管有些国家对于产业政策的态度比较模糊，但是各个国家在经济发展的过程中都会或多或少采取一定的产业政策适当地干预企业的市场行为[2]。在经济全球化的浪潮中，发展中国家处于弱势地位，在应对严重的信息不对称和经济失衡等难题时，政府的产业政策是其与发达国家相抗衡的强有力武器[3]。受我国经济发展现实状况的影响，国内学者往往从发达国家和发展中国家两个维度来探究产业政策的必要性问题。林毅夫（2007）是"去产业政策"观点的典型代表，在他看来，发达国家的产业升级无需产业政策的干预，完全可以借助成熟的市场机制来完成；发展中国家往往处于全球产业链的低端环节，市场发育不够成熟，其产业升级则需要借助产业政策的推动力量[4]。张冰和金戈（2007）在比较中国香港和中国台湾的产业结构变迁时，阐述了与林毅夫相似的产业政策观点，认为发达国家和发展中国家应该分别采取诱导性产业政策和强制性产业政策来推动产业转型升级[5]。2008 年以来，面对全球性的金融危机问题，部分学者从产业政策的视角提出了相应的政策建议，洪银兴（2009）认为，我国政府采取了积极有效的产业政策应对 2008 年金融危机，创新型经济是后危机阶

① DeLong J B. The Future of the Multinational Enterprise in Retrospect and in prospect [J]. Science, 1995 (3): 317-322.

② Poh-Kam Wong, Chee-Yuen Ng. Industrial Policy, Innovation and Economic Growth: the Experience of Japan and the Asian NIEs [M]. Singapore: Singapore University Press, 2001.

③ Klinger B, Lederman D. Discovery and Development: An Empirical Exploration of New Products [R]. World Bank, 2004.

④ 林毅夫. 潮涌现象与发展中国家宏观经济理论的重新构建 [J]. 经济研究, 2007 (1): 125-131.

⑤ 张冰，金戈. 港台产业结构变迁：模型与比较 [J]. 台湾研究, 2007 (2): 12-24.

段我国经济转型升级的方向，制度创新是创新型经济发展的保障，因此，产业政策的着力点应该集中于区域资源整合、创新人才集聚、金融支持等方面①。此后，随着全球产业发展趋势和国内经济发展形势的变化，我国学者的研究视角开始转向产业转型升级政策效果的探讨。张纯和潘亮（2012）从我国各级政府利益博弈的视角切入产业政策有效性的研究，他们分析了限制性政策和孤立性政策对特定行业获得银行借款的影响，进而阐释了不同政府层级（市级政府与县级政府）对产业政策有效性产生的差异化的影响②。郁珏（2018）在分析我国制造业的转型升级课题时，认为产业政策没有有效抑制钢铁行业的过度投资和重复建设问题，整体效果不明显；产业政策在推动高新技术产业发展的过程中，通过产业结构的调整、产业组织的优化、高新技术的革新和行业环境的改善等措施取得了一定的效果，但仍然存在着某些关键性的问题③。

1.2.2 文化产业转型升级研究

由于各国对文化产业概念的界定存在差异，因此国外关于文化产业转型升级的研究较少，部分文章从创意经济的视角阐述了文化产业或者创意产业转型升级趋势。加拿大遗产政策研究小组（PCH，2013）在探究创意经济对区域发展的作用时，指出文化和创意产业转型发展是当地经济文化发展的关键驱动力④。Bagwell（2008）指出创意集群是创意产业转型发展的重要趋势，它对一个城市的发展具有重要的作用⑤。Manyika 和 Chui（2017）指出大数据是未来创意经济转型发展的突破口⑥。Mazuryk 和 Gervautz（2020）分析了虚拟现实技术（VR）在旅游和创意产业的应用、发展和未来展望⑦。综上所述，国外学者的研究特点是重视应用研究，他们的研究成果直接为当地政府和相关企业服务。

① 洪银兴. 向创新型经济转型——后危机阶段的思考 [J]. 南京社会科学，2009（11）：1-5.

② 张纯，潘亮. 转型经济中产业政策的有效性研究——基于我国各级政府利益博弈视角 [J]. 财经研究，2012（12）：84-94.

③ 郁珏. 中国制造业转型升级中产业政策的绩效研究 [J]. 佳木斯职业学院学报，2018（12）：464-466.

④ Canadian Heritage-Policy Research Group（PCH）. The Creative Economy：Key Concepts and Literature Review Highlights [R]. Ottawa，2013.

⑤ Bagwell S. Creative clusters and city growth [J]. Creative Industries Journal，2008（1）：31-46.

⑥ Manyika J，Chui M. Big data：The Next Frontier for Innovation，Competition and Productivity [EB/OL]. https：//www.mckinsey.com，2017/2019-07-28.

⑦ Mazuryk T，Gervautz M. Virtual Reality History，Applications，Technology and Future [EB/OL]. http：//www.cg.tuwien.ac.at，2020-04-20/2020-04-28.

我国文化产业是在政府驱动下发展起来的。因此，关于文化产业的学术研究，既受产业发展实践的影响，又受到了政府政策的引导。2009年，国务院常务会议讨论并通过的《文化产业振兴规划》中，将"文化产业结构的调整和升级"列为主要目标，将"以高新技术推动文化产业升级"列为重点任务之一。此后，转型升级成为我国文化产业领域的研究热点和焦点，相关的学术成果不断涌现。当前，国内学者关于文化产业转型升级的研究主要集中于内涵、影响因素、对策和路径等方面。

1.2.2.1 关于文化产业转型升级内涵的研究

对于文化产业转型升级内涵的界定，尚未形成统一的共识，部分学者基于不同研究视角进行了描述性的解释。周松峰和郑立勇（2003）认为，社会时序的发展和知识经济时代的到来，对文化产业发展提出了转型升级的要求，文化产业升级的内涵是建立在精神产品和精神内容二维价值坐标之上的，它是一个调整产业构造、整合产业规模、创新产业环境以及适应社会发展的过程[①]。赵渊（2012）将文化产业转型升级的内涵比喻为"腾笼换鸟"，指逐步淘汰无法适应文化产业发展趋势的企业，进而引入以版权驱动、创意创新驱动为标志的先进文化生产力的过程[②]。史征（2015）认为，文化产业升级是从政府主导的粗放型模式向市场主导的集约型模式的转变，在这一过程中，技术与内容逐步实现了高端化的融合[③]。

1.2.2.2 关于文化产业转型升级影响因素的研究

关于文化产业转型升级影响因素的研究，既有学者从微观角度分析个别因素的影响效应，也有学者从宏观角度分析多个因素的影响机制。从微观角度，陈福喜（2015）认为，历史文化资源的保护和开发是影响文化产业转型升级的关键因素，在此过程中，应该做好价值评估与判断、投入与产出、保护与开发的相关工作[④]。赖昭瑞和冯星宇（2017）通过构建 VAR 实证模型，验证了文化消费可以

---

① 周松峰，郑立勇. 文化产业升级的二维价值论［J］. 福建省社会主义学院学报，2003（4）：77-79.

② 赵渊. "腾笼换鸟"：文化产业转型升级新路径［J］. 经济论坛，2012（9）：124-127.

③ 史征. 产业升级：中国文化产业发展的责任与使命［C］//中国文化产业评论：13 卷. 上海：上海人民出版社，2015：183-192.

④ 陈福喜. 文化产业转型升级视域下的历史文化资源开发［J］. 绍兴文理学院学报，2015，35（2）：94-96.

促进文化产业转型升级①。从宏观角度，凌钢（2015）以上海文广集团的发展为例，指出创新转型和资本运作是文化产业升级的引擎，国际化、市场化、证券化和平台化是其影响因素②。李鸿和张瑾燕（2016）认为，科技创新和体制机制改革是民族地区文化产业转型升级的重要驱动力，因此应该借助供给侧结构性改革推动文化产业发展动能的转换③。詹双晖（2017）认为，文化产业创新是集中于需求端的非技术性软创新，智力资本、产业发展环境、投融资能力以及创新水准等因素通过影响产业创新，推动文化产业转型升级④。王明明和孟程程（2019）认为，科技创新与文化消费分别对应了文化产业的供给端与需求侧，两者的有机互动可以提高文化产业的供给质量，影响文化产业转型升级的效率⑤。

1.2.2.3 关于文化产业转型升级对策和路径的研究

关于文化产业转型升级对策和路径的研究，成果较为丰富，学者们从不同理论视角综合探究这一问题。管宁（2008）认为，传统产业的升级包含产业结构的改善和产业素质与效率的提高两个层面，文化产业的意识形态和商品的双重属性使其区别于传统产业，因此创意能力与创意水平的提高是文化产业转型升级的关键路径⑥。顾江（2009）从全球价值链视角阐述了文化产业转型升级的路径选择问题，他认为全球文化产业价值链主要包括创意内容的策划、文化产品的设计和生产制作、市场推广以及消费者服务四个环节，因此我国文化产业升级应该着力于民族文化资源的挖掘、创意人才的培养、产业链的完善、龙头文化企业的培育以及生产手段的创新等举措⑦。在顾江和郭新茹（2010）看来，科技创新也是实现文化产业升级的重要途径，他们计量分析了我国 30 个省份文化产业和高新产业的融合程度，据此，提出了业态更新、科技变革、政府引导等是推动我国文化

---

① 赖昭瑞，冯星宇．文化消费促进文化产业转型升级的实证研究［J］．山东财经大学学报，2017（6）：65-74.

② 凌钢．启动创新转型和资本运作两个引擎实现文化产业升级发展［J］．上海经济，2015（1）：30.

③ 李鸿，张瑾燕．供给侧改革与民族地区文化产业的转型升级［J］．大连民族大学学报，2016，18（4）：289-293.

④ 詹双晖．文化产业创新的机制与条件——兼谈广东文化产业实施创新驱动推动产业转型升级的路径［J］．改革与战略，2017，33（11）：145-149.

⑤ 王明明，孟程程．科技创新与文化消费的互动机制及对文化产业转型升级的影响——基于供给侧改革视域的分析［J］．税务与经济，2019（1）：50-55.

⑥ 管宁．加快转型强化创意大力推进文化产业升级［J］．福建论坛（人文社会科学版），2008（11）：110-112.

⑦ 顾江．全球价值链视角下文化产业升级的路径选择［J］．艺术评论，2009（9）：80-86.

产业升级的有效途径①。练红宇等（2011）以比较优势理论为基础，提出比较优势向竞争优势的转化、新比较优势的培育是文化产业转型发展的基本思路，因此应该通过文化产业人才的培养、产业环境的营造、区域间的合作、消费潜力的释放等对策促进文化产业转型升级②。余博（2014）认为，文化全球化既为我国文化产业的发展带来新的格局，也对转型升级提出了新的挑战，因此应该从产业结构优化、产业机制完善、技术与内容融合、消费能力提升、人才培养模式创新等方面推动文化产业转型升级③。陈明师和黄桂钦（2016）通过计量模型探讨了影响文化产业效益的因子，据此提出产品供给质量的提高、要素供给配置的优化以及制度供给潜力的释放是实现文化产业转型升级的主要路径④。张召（2019）分析了我国文化产业转型升级在文化企业、文化消费、研究意识等方面的现实优势以及文化消费水平较低、文化市场供需不平衡、文化产业人才相对缺乏等问题，因此加大供给侧结构性改革、推动融合创新、营造市场环境成为实现文化产业转型升级的重要路径⑤。

当然，也有部分学者站在区域文化产业研究的角度，聚焦于区域文化产业转型升级路径和对策的研究。欧世平（2014）指出，新型发展观念的树立、新型文化业态的培育、文化科技的创新、文化融资平台的搭建等现实路径，可以促进安徽文化产业转型升级和跨越发展⑥。黄夏先和钟荣丙（2015）针对湖南文化产业转型升级存在科技含量低、新型业态少、融合深度浅、人才供给不足等问题，指出湖南文化产业转型升级的关键在于文化与科技的融合⑦。韩英和冯兵（2016）阐述了四川省文化产业发展的产业优势，深入分析了其在产业结构、资源配置、管理机制等方面的缺陷，指出提供配套制度供给、创新多样化融资体制以及加大

---

① 顾江，郭新茹．科技创新背景下我国文化产业升级路径选择 ［J］．东岳论丛，2010（7）：72-75.

② 练红宇，何方永，夏敬标．成都市文化产业转型升级发展的比较优势探析 ［J］．成都大学学报（自然科学版），2011，30（4）：374-378.

③ 余博．文化全球化语境下我国文化产业的转型升级 ［J］．出版广角，2014（10）：14-17.

④ 陈明师，黄桂钦．供给侧改革：文化产业转型升级的路径选择——基于福建省文化产业发展实证分析 ［J］．发展研究，2016（10）：64-72.

⑤ 张召．关于文化产业转型升级的思考 ［J］．市场研究，2019（1）：7-8.

⑥ 欧世平．安徽省文化产业转型升级之现实路径选择 ［J］．华东经济管理，2014，28（8）：81-84.

⑦ 黄夏先，钟荣丙．文化科技融合的实践探索：湖南文化产业转型升级之路 ［J］．技术与创新管理，2015，36（4）：369-374.

人才培养力度是实现文化产业转型升级的主要对策①。周松峰（2017）指出"五大发展理念"是福建文化产业转型升级的导向。在此指引下，应该通过科技创新、产业融合、文化交流推动文化产业的现代性、创意性和世界性转型升级②。另有部分国内学者尝试对更微观地区的文化产业转型升级的研究，如刘洪霞（2015）③、王晓倩等（2018）④ 分别对深圳市、衡水市等地区文化产业的转型升级进行了探讨。

随着文化产业转型升级的推进，我国学者开始将研究视角深入到更为微观的文化产业具体行业中。李亦宁和刘磊（2013）认为，宏观经济环境的变化推动了陕西广告文化产业质量的提升，在产业规模、产业结构、广告公司与广告媒体转型等方面取得了一定的成就，但是区域差距悬殊、核心竞争力不足、政策扶持不够等问题依然限制了广告文化产业的转型升级⑤。党雷（2016）从互联网大数据的视角探究了影视产业的转型升级问题，通过构建影视大数据评估服务体系，可以实现影视资源的有效配置、影视产业链的完善、影视精品的培育、观众精神文化需求的精准把握以及影视版权市场价值的兑现，进而推动影视产业的转型升级⑥。殷克涛（2018）认为，出版投融资在出版产业转型升级的过程中发挥着重要作用，因此应该通过出版产业投融资的资源整合、模式的创新、服务管理体系的建设等措施推动出版产业转型升级⑦。

1.2.3　山东文化产业发展研究

改革开放以来，山东的文化建设取得了突出成绩，有关文化事业与文化产业发展的一系列政策陆续出台，促进了全省文化产业的规模扩张和质量提升。文化产业的繁荣发展，带动了理论研究的丰富。学者们关于山东文化产业的相关研

① 韩英，冯兵. 四川文化产业转型升级的优势、问题与对策［J］. 文化产业研究，2016（1）：218-227.

② 周松峰. "五大发展理念"下福建文化产业转型升级的方向与路径［J］. 厦门特区党校学报，2017（6）：73-77.

③ 刘洪霞. 经济转型进程中的深圳文化产业升级研究［J］. 中国文化产业评论，2015（1）：193-203.

④ 王晓倩，李婧，姚建惠. 大力推进衡水市文化产业快速转型升级的思考［J］. 西部广播电视，2018（23）：195-197.

⑤ 李亦宁，刘磊. 论陕西广告文化产业的转型与升级［J］. 新闻界，2013（2）：64-67.

⑥ 党雷. 影视产业转型升级需大数据技术支撑［J］. 中国文艺评论，2016（10）：39-42.

⑦ 殷克涛. 出版投融资与出版产业的转型升级［J］. 编辑之友，2018（2）：50-54.

究，主要集中在宏观视角下文化产业发展对策的探讨、具体文化行业的问题分析、区域文化产业的个案研讨等方面。

1.2.3.1 关于山东文化产业发展对策的研究

对于宏观视角下山东文化产业发展对策的探讨，成果颇丰，既有定性的分析，也有定量的验证。有的学者从文化产业与经济发展关系的角度切入研究，王宝德和李会勋（2012）认为，山东半岛蓝色经济区的打造和建设能够促进全省文化经济发展，据此提出蓝色经济带动下山东文化产业发展的多元化战略与策略①。杨金磊和王迎建（2014）采用SWOT方法系统分析了山东文化产业的发展现状，从法律法规建设、人才培养、文化产业品牌以及文化产业与文化事业的协调发展等方面阐述了具体策略②。聂黎（2015）阐述了山东推动经济文化融合发展的理论依据及现实意义，认为发挥先进文化的引领作用、提升主导产业的培育力度以及形成具有齐鲁地域特色的文化经济发展模式是山东经济文化融合发展的主要对策③。李会勋和周静（2017）从宏观角度探讨了蓝色文化与蓝色经济的高度融合趋势，据此提出了山东半岛蓝色经济区文化产业带的发展对策，具体涵盖产业规模、科技含量、文化品位以及政策建议等多个层面④。在竞争战略方面，王虹（2010）梳理了山东文化产业的发展状况及其在国际竞争中面临的挑战，认为应该通过政府体制的创新以及文化企业发展意识的树立与发展战略的规划来提高山东文化产业的国际竞争力⑤。在文化品牌的塑造方面，单敏和桑兰兰（2013）认为培育和打造文化品牌是增强山东文化产业竞争力的重要举措，阐述了山东打造文化产业品牌存在品牌意识淡薄、知名品牌较少、品牌市场穿透力较差以及专业人才相对匮乏等问题，品牌体系的打造、品牌定位的明确、品牌主体的培育是打造山东文化产业品牌的主要对策⑥。山东文化产业的转型升级，这方面的研究较少。张振鹏（2016）从宏观角度分析了山东文化产业存在的不足，提出了全省文化产业转型升级的阶段性目标、实施路径和保障措施，具体内容涉及

---

① 王宝德，李会勋．蓝色经济与多元山东文化产业发展［J］．山东青年政治学院学报，2012（5）：114-118.

② 杨金磊，王迎建．基于SWOT分析的山东省文化产业发展对策研究［J］．枣庄学院学报，2014（6）：66-69.

③ 聂黎．推动山东经济文化融合发展对策研究［J］．理论学刊，2015（11）：68-74.

④ 李会勋，周静．山东半岛蓝色经济区文化产业发展趋势研究［J］．山东科技大学学报（社会科学版），2017（4）：84-88+111.

⑤ 王虹．山东文化产业国际竞争战略分析［J］．东岳论丛，2010（4）：160-162.

⑥ 单敏，桑兰兰．打造山东文化产业品牌对策研究［J］．中国行政管理，2013（10）：124-125.

体制机制、文化市场、文化产业园区、文化产业人才以及文化产业与其他产业的融合等方面[①]。杨光和于秀艳（2018）针对山东文化产业发展的现实状况，指出借助文化和科技融合推动文化资源的科学开发与保护以及文化品牌的树立与塑造来推动文化产业转型升级[②]。当前，对于山东文化产业发展对策的研究多以定性为主，极少数学者开始尝试用定量研究，宋春燕和王丽梅（2016）的计量模型验证了经济发展和居民文化消费都可以拉动文化产业发展的理论假设，其中后者的作用更为突出，因此要引导居民文化消费观念的转变和积极培育文化消费市场[③]。

1.2.3.2 关于山东具体文化行业的研究

文化产业是一个包含诸多行业门类的产业形态，众多学者将研究的视角深入到不同的文化领域。刘昂（2010）通过对山东民间艺术资源的赋存、评估及产业开发的优势与劣势、机遇与挑战分析，提出了山东民间艺术产业的发展模式以及具体措施，主要包括创意研发、品牌建设、市场营销、人力资源保护与培育、政府规制等内容[④]。臧丽娜（2010）认为，民俗文化的传播对山东文化旅游产业的社会效益与经济效益的提升发挥了重要作用，她提出了网络传播趋势下山东民俗旅游文化产业可以采取网络研究的深入、品牌网站的建设、网络营销体系的构建、网络互动传播的强化等传播策略[⑤]。张萍（2014）以日照农民画产业为研究对象，从艺术人才培养体系、文化底蕴、营销理念、产业链等方面论述了地方特色文化产业的发展路径[⑥]。蔡林（2014）从文化内容生产、文化产业结构调整和管理体制改革三个角度分析了山东广电文化产业的现状与问题，提出了发展的核心驱动力来自于柔性化内容、多样化传播平台以及灵活化的产业运作机制[⑦]。刘显世（2017）系统梳理了1990～2014年山东会展业的发展状况，结合重要的节庆活动和会展活动案例提出应该通过强化优势和突破"瓶颈"两个层面的具体

① 张振鹏．山东文化产业转型升级的对策研究［J］．人文天下，2016（6）：5-12.

② 杨光，于秀艳．文化和科技融合对山东文化产业转型升级影响及对策研究［J］．科技与创新，2018（15）：88-90.

③ 宋春燕，王丽梅．经济发展、居民消费对山东文化产业驱动的实证研究——基于VAR模型的脉冲响应分析［J］．山东财经大学学报，2016，28（4）：44-31.

④ 刘昂．山东民间艺术产业开发研究［D］．山东大学博士学位论文，2010.

⑤ 臧丽娜．论网络传播趋势下山东民俗旅游文化产业的传播策略［J］．山东社会科学，2010（9）：35-39.

⑥ 张萍．发展地方特色文化产业路径探析——山东日照农民画产业发展实证研究［J］．前沿，2014（7）：204-205.

⑦ 蔡林．山东广电文化产业核心驱动力分析［J］．青年记者，2014（22）：65-68.

举措，促进山东会展产业的健康有序发展①。

1.2.3.3 关于山东区域文化产业发展的研究

山东文化产业的发展与总体经济形势相似，都存在着区域发展不平衡的问题，因此部分学者对全省不同区域文化产业的发展状况进行了探究。董雪梅（2008）详细梳理了济南市公共历史文化资源的数量、分布以及类型，分析了公共历史文化资源的文化特征与产业特征，进而阐述了公共历史文化资源产业化开发的理念与设想②。马金龙（2013）以文化体制改革与文化产业发展关系的探讨为切入点，分析临沂市文化体制改革的成就与不足，阐述了深化文化体制改革的思路和对策③。梁敬升（2016）认为，新型工业化城市普遍面临经济结构调整与产业转型升级的双重压力，发展生态文化产业是破解这一难题的有效路径，因此对于东营市而言，应该理论政策研究、历史文化资源挖掘、生态文化产业链构建等方面采取相应的对策④。王珊（2017）分析了体验经济的内在机理，以此作为阐释济宁文化产业发展的理论依据，从文旅融合模式以及消费者的互动、兴趣点、注意力等方面提出了具体的策略⑤。

1.2.4 文献评述

当前，国内外学者对产业转型升级的研究成果丰富而多样，很多研究从不同视角和层面对多个产业门类和类型进行了讨论，理论探究与实证分析相互结合，宏观把握与微观分析相统一，整体的研究体系较为成熟。但是，从文化产业研究来看，学术界对文化产业转型升级的研究成果数量不多，质量不高，且分析视角较为单一。

1.2.4.1 现有研究的主要成果

第一，系统总结了产业转型升级的理论基础与分析框架。从企业转型升级的微观视角出发，研究内容广泛涉及产业转型升级的内涵、路径、评价指标以及政

① 刘显世. 山东会展业发展研究（1990—2014 年）［D］. 山东大学博士学位论文，2017.
② 董雪梅. 公共历史文化资源的产业开发——以济南市为个案研究［D］. 山东大学博士学位论文，2008.
③ 马金龙. 临沂文化体制改革与文化产业发展研究［J］. 改革与开放，2013（4）：9.
④ 梁敬升. 新型工业化城市生态文化产业的发展——以东营市为例［J］. 中国石油大学学报（社会科学版），2016（6）：31-35.
⑤ 王珊. 体验经济视角下的文化产业发展——以济宁文化产业为例［J］. 管理观察，2017（25）：102-104.

策建议等多个方面。产业转型升级研究的逻辑主线与分析框架已经搭建完成，且较为成熟，这为文化产业转型升级的研究提供了可供借鉴和参考的思路。

第二，文化产业转型升级的分析思路基本成型。本书涉及文化产业转型升级的概念内涵、现实问题、理论意义和路径选择等基本问题，文化产业转型升级问题的基本思路业已形成，这为本书奠定了一定的学术基础。

第三，针对文化产业转型升级的路径与对策提出了合理建议。从全球文化产业价值链的视角看，文化产业转型升级应该着力于民族文化资源的挖掘、创意人才的培养、产业链的完善、龙头文化企业的培育以及生产手段的创新等举措。从比较优势理论看，文化产业人才的培养、产业环境的营造、区域间的合作、消费潜力的释放等对策是促进文化产业转型升级的重要举措。本书在已有研究的基础上提出了山东文化产业转型升级的具体对策与政策建议。

第四，对山东文化产业发展进行了初步的探讨。当前，学者们关于山东文化产业的相关研究，主要集中在文化产业与经济发展关系的探讨、文化产业具体行业的发展、区域文化产业的发展等方面。已有的研究成果为本书从宏观与微观视角综合把握山东文化产业转型升级问题提供了有益的参考。

1.2.4.2 现有研究的不足之处

第一，许多关于文化产业转型升级的理论探讨过于笼统和宽泛，还有待具体和深入。学者们对文化产业转型升级的实践性探究较少，大多都停留在政策建议层面，具体实践中暴露出的深层次问题重视不够。世界经济的迅速发展，生产资源、生态环境和生存空间等方面的问题日益突出，各国开始重视文化产业的经济价值，但由于对文化产业转型升级研究得不够，现有的研究多浮于表面，所提出的对策建议大都较空泛，很难指导具体的实践操作。

第二，有关文化产业转型升级研究的理论体系还有待完善。由于文化产业转型升级是一项复杂的系统工程，有关它的路径或机理的研究尚未形成完整而成熟的理论框架，如何将科技创新、文化创意、体制改革、产业融合等相互关联因素纳入到文化产业转型升级研究的理论框架中，这方面的研究显得还较为薄弱，取得的成果也不多。

第三，现有关于文化产业转型升级的研究理论阐释较多，缺少具体的实证数据的支撑。研究大多从理论探讨的单一视角切入，缺乏对实证数据的检验和分析，这使很多研究难以解决现实中遇到的实际问题，也缺乏必要数据的验证，影响了研究的有效性和针对性。

第四，现有研究对于山东文化产业转型升级的相关研究甚少。仅有的少量研究成果也是从宏观角度出发提出山东文化产业转型升级的对策措施，而对于制约转型升级的影响因素、水平评价等关键问题的研究几乎没有涉及。

基于以上分析，笔者认为文化产业转型升级的研究需要建立在产业和文化的二维坐标上，有必要将经济学、文化学、管理学等多学科的理论加以综合运用，以此构建成熟有效的分析框架。因此，本书尝试运用多科学交叉的方法，对山东文化产业转型升级进行综合探究。

1.3 研究内容、方法与技术路线

1.3.1 研究内容

本书以文化产业转型升级问题为研究重点，深入探讨文化产业转型升级的内在机理，在系统把握山东文化产业发展现状的基础上，通过实证检验的方法，具体验证山东文化产业转型升级的现有水平，同时通过构建计量分析模型来深入探讨潜在的影响因素，进而提出了相应的对策与政策建议，以期能够加快山东文化产业的转型升级，促进山东文化产业的可持续发展。具体研究内容如下：

第一章为绪论。主要对研究背景与意义，国内外相关研究综述，研究内容、方法与技术路线，研究创新点做出说明。

第二章为概念界定与理论探讨。对产业转型升级和文化产业转型升级的概念进行辨析，梳理相关理论，分析文化产业转型升级的宏观动力与微观动力，探究文化产业转型升级的主要趋势，为本书研究奠定理论基础。

第三章为山东文化产业发展现状与存在的问题。详细梳理山东文化产业的发展历程以及行业、区域、市场等方面的基本现状，归纳概括山东文化产业发展存在的问题，进而阐述文化产业转型升级的紧迫性和必要性。

第四章为山东文化产业转型升级的方向和速度测度。为了更好地反映出转型升级的动态性特征，本书利用产业结构超前系数和 Lilien 指数分别测算了山东文化产业转型升级的方向和速度。

第五章为山东文化产业转型升级的动态演化与水平评价。从博弈论的角度推导山东文化产业转型升级的动态演化过程，提出了不同阶段的主要路径。然后，对山东文化产业转型升级的水平进行测算。

第六章为山东文化产业转型升级的案例分析与影响因素模型构建。本章将案例分析与模型构建相结合，通过对山东出版集团有限公司、台儿庄古城文化产业园以及山东影视传媒集团三个典型案例的分析，对文化产业转型升级影响因素进行细致阐释，进而构建相应的分析模型来具体说明山东文化产业转型升级的影响因素，为之后的对策和政策建议提供科学依据。

第七章为山东文化产业转型升级的对策与政策建议。在深入研究山东文化产业转型升级面临的困境的基础上，提出有针对性的对策与政策建议。

第八章为研究结论与展望。总结本书的研究结论，指出研究的不足，提出进一步研究的设想。

1.3.2 研究方法

本书在研究过程中，坚持以理论阐释与实证检验相统一、定性分析与定量研究相结合的原则，具体拟采取的研究方法如下：

（1）文献研究与系统分析相结合。在系统收集、梳理和总结本书相关文献资料的基础上，尝试构建文化产业转型升级的理论框架。

（2）定性分析与定量测算相结合。综合运用多种定性研究方法，从定性分析上深入研究文化产业转型升级的概念、动力、趋势，以及山东文化产业转型升级面临的问题；从定量分析上对山东文化产业转型升级进行水平测度，并通过构建计量模型，得出较为准确的结论，为山东文化产业转型升级的对策与政策建议提供可靠依据。

（3）实际调研与统计分析相结合。为保证研究资料和数据的真实可靠，本书采用多种调研手段，对山东文化产业发展现状展开相关调查，并从统计分析的角度进行分析模型的构建。

（4）跨学科研究方法。本书主要涉及文化学、管理学、经济学、社会学等多学科方法，在多学科、跨学科交叉融合中寻找分析问题和解决问题的思路和对策，以此拓展研究的视野和领域，提高对问题分析的科学性与预见性。

1.3.3 技术路线

本书的技术路线如图 1-1 所示。

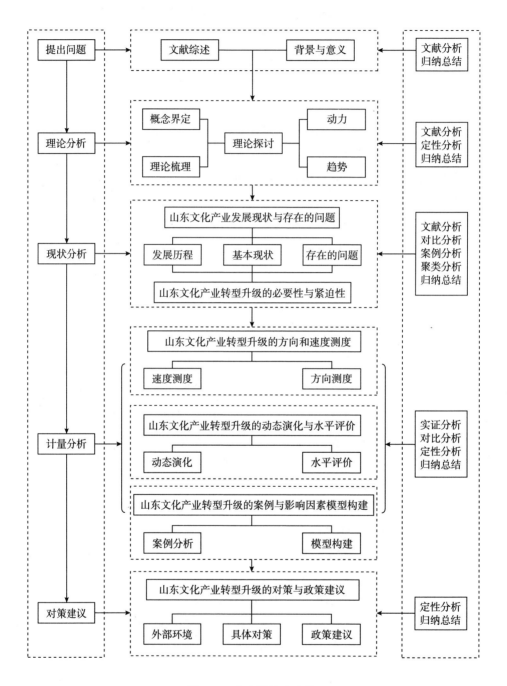

图1-1 本书的技术路线

1.4 研究创新点

（1）在研究视角上，本书综合运用文化学、社会学、经济学、管理学等学科知识，系统梳理了文化产业转型升级的相关文献资料及相关理论，深入探究了文化产业转型升级的内在机理，拓展了有关文化产业转型升级的理论认识。

（2）在研究内容上，本书不仅系统梳理了山东文化产业的发展历程、基本现状和存在的问题，还以实证分析的方式对山东文化产业转型升级的现有水平和影响因素进行了测算，这一研究有利于解决文化产业发展中存在的现实问题，提出具有针对性的对策与建议，推动山东文化产业向更高质量发展目标迈进。

（3）在研究方法上，本书将定性研究与定量分析相结合，二者之间互为补充，以确保本书研究的科学性与可靠性。现有研究多局限于定性分析，而从定量上去研究的大多又缺乏对社会和人文的深入思考，陷入经济学和统计学的简单量化和数据归纳，本书打破了定性研究和定量分析相割裂的研究局限，把二者有机结合起来，有助于文化产业转型升级的研究走向深入。

2 概念界定与理论探讨

2.1 相关概念

2.1.1 产业转型

学术界对产业转型的研究从最初微观角度的企业考察入手，逐渐转变到宏观视角下的产业和国民经济视角，同时关注的焦点也由企业生产效率的提升转移到对产业结构、制度设计、技术创新等经济要素的变革上来。总体而言，广义的产业转型是在宏观经济环境发展变化的基础上，借助体制、流程、组织等内生因素的转型，以形成可持续的市场竞争力；狭义的产业转型是根据当前的产业环境形势，通过跨产业转型实现经营领域的变化，以提高市场的适应能力。但是，无论是广义还是狭义的概念界定，都存在一定的理论矛盾，狭隘地将产业的可持续发展作为产业转型的目标，显然忽视了微观视角下企业对生产效率提高的诉求；经营领域的转变反映的是产业结构的调整，这既是产业转型的过程又是结果，而不应该单一地看作是产业转型的过程。当前，我国的产业转型正处于加速期，在《工业转型升级规划（2011—2015 年）》中，明确指出"转型就是向新型工业化道路的转变"，该规划中的"新型工业化道路"最初是在党的十六大报告中提出的，它的含义是"坚持以信息化带动工业化，以工业化促进信息化，从而达到科技含量高、经济效益好、资源消耗低、环境污染少、人力资源优势能充分发挥"。由此可见，产业转型是经济发展模式的转变，它涉及政府管理体制和政府管理职能的转变，本质上就是由粗放型发展模式向集约型发展模式的转变。因此，产业转型的核心是解决政府与市场之间的权力、利益冲突问题，通过市场优化资源配置和实现优胜劣汰，以促使产业内部的企业自发转变生产经营方式，提高生产效率，提升市场竞争力。

2.1.2 产业升级

与产业转型概念的界定相类似，关于产业升级概念的明晰也经历了由微观视角到宏观视角的阶段性转变。大部分学者对于产业升级的探究多从宏观的产业间的升级和微观的产业内升级两个层面进行。宏观视角下产业间的升级主要表现为由低层次产业向高层次产业的演进，具体表现为由第一产业为主向第二、第三产业为主的变化，它也囊括了部分产业内的升级；微观视角下产业内的升级主要涉及产品质量、工艺水平、功能属性和产业价值链等方面的升级。很显然，这些对于产业升级的看法还存在许多局限性，没有揭示出产业升级的深刻内涵。在《工业转型升级规划（2011—2015年）》中，同样对产业升级的含义做了说明，它是指"通过全面优化技术结构、组织结构、布局结构和行业结构，促进工业结构整体优化提升"。所以说，产业升级本质上反映的是整个产业体系的变革，这里的产业体系是由大量的因产业技术关联而有机联系在一起的特定产业构成的，它是在产业革命进行过程中形成的。所以说，产业升级是以科学技术的更新进步为核心，以此推动产业体系的变革。具体而言，产业升级可以从微观、中观和宏观三个视角来认识。从微观视角来看，产业升级主要是指产业体系内部的企业通过改进生产技术、提高产品创新能力、优化组织结构和变革管理模式等手段，实现企业内生产效率的提升；从中观视角来看，产业升级是指产业内部的部分龙头企业借助技术创新和产业创新的方式提高产品的附加值，进而带动整个产业由价值链的低端向价值链的高端演进的过程；从宏观视角来看，产业升级是指通过产业体系的变革创新，实现产业发展动力转换和主导产业变革的过程。

综上所述，国内外学者从不同视角和不同领域阐述了产业转型和升级的概念内涵，丰富了产业经济学的理论体系。产业转型是指企业战略层面而言的，注重的是经济发展模式的变革；产业升级则是在策略层面上强调科学技术的更新进步带来的产业体系的发展变化。产业转型升级的根本在于提高产业要素的利用效率和协作程度，促进产业体系的良性发展和经济发展模式的变革。在产业转型升级的系统性结构中，产业转型与产业升级相互交织、相互促进、融为一体。产业转型升级的过程，也是产业内部新旧动能转换的过程，它表现为传统动能的升级和新兴动能的培育，从而促进产业体系内部传统行业的"存量优化"和新兴行业的"增量崛起"，以促进产业高质量发展。

2.1.3 文化产业转型

"文化产业"的概念源于"文化工业"的概念，其诞生的本意是 20 世纪 30 年代，法兰克福学派对标准化生产的大众文化的哲学反思和批判。20 世纪 90 年代以来，"文化产业"从文化批判的视角逐渐呈现出产业发展的新态势，并且被世界各国赋予经济发展的新使命而迅速发展起来。我国文化产业的兴起和发展，与文化体制改革是同步进行的，为建立科学可行的统计制度和标准，在国家统计局最新修订的《文化及相关产业分类（2018）》中，将文化产业定义为"为社会公众提供文化产品和文化相关产品的生产活动的集合"。我国文化产业在各级政府的大力支持下受到格外重视，文化产业增加值占 GDP 的比重在逐年提升，文化产业对于经济发展的贡献度越来越高。产业规模的急速扩张奠定了产业转型升级的基础，同时产业实践的迅速发展也对政府政策的跟进提出了更高的要求。长期以来，我国的文化产业是在政府的推动下发展起来的，属于"政府驱动型"的发展方式。从 2009 年的《文化产业振兴规划》在政府政策层面首次提出文化产业的转型升级问题，到 2017 年的《文化部"十三五"时期文化产业发展规划》中明确提出未来我国文化产业发展的重点就是"转型升级"和"提质增效"，这些都为我国文化产业转型升级指明了方向和道路。

文化产业转型是由于产业环境变化导致产业发展陷入困境，必须转变产业发展方式，以实现产业要素的提升和产业的可持续发展。长期以来，我国文化产业的发展主要依托于资源优势和政策优势，属于资源驱动与政府驱动的发展方式。但是，经过 30 多年的发展，对于文化资源的粗放利用，不但没有将资源优势转化为产业优势，而且对文化资源的过度开发和同质化开发，导致了很多问题的出现。同时，政府的文化体制改革，短时间内推动了我国文化产业的迅速发展，但也造成了产业规模大而不强、产业结构不合理、产业垄断现象严重等问题。山东在这方面更加突出。因此，若要提高我国文化产业的发展质量，保持文化产业的发展活力，转型发展已刻不容缓。当然，文化产业转型并不是简单的产业结构的重组，而是一种根本性的变革，它是要推动文化产业发展方式由资源型、粗放化向创意型、集约化的转变。创意型是要提高文化产品的创新水平和科技含量，集约化是在规模化的基础上推动文化资源开发利用的高产、高效和优质输出。

2.1.4 文化产业升级

与传统的第一、第二产业不同，文化产品和服务具有文化和经济的双重属性，这就决定了文化产业升级的特殊性。文化产业的生产不同于第一、第二产业对物质生产资源的依赖，它的生产资料主要是动态化的、非独占性的、可再生的、可重复使用的文化资源。同时，受生产资料特殊性的影响，文化产业的市场竞争突出强调对文化资源的创造性利用和创新性表达。传统的第一、第二产业升级的关键是提高生产资料的利用率，这就对科学技术的进步产生了较强的依赖性。文化产业升级的关键是提高文化内容的吸引力，科学技术在此过程中产生了重要的作用，但是并不属于核心要素，核心要素是创意创新能力。同时，文化产业又具有边界模糊、渗透性强的特征，这为其与其他产业的融合奠定了基础。文化产业升级是一个系统性的，其内部各个行业的升级、各个产业价值链的升级都源于技术创新与文化创意的密切融合。科学技术的进步和创新创意能力的发挥是文化产业升级的典型特征，它直接影响到产业发展动能的转换，关系到产业发展方式的变革。当前我国文化产业之所以急需升级，原因就在于现有的产业技术体系与产业创新体系与产业环境已经不适应文化产业高质量发展的需要。文化产业升级是以技术创新和文化创意为基础，以此提高文化产品和服务的创新水平和产业附加值，进而不断催生新的文化业态的出现。

综上所述，文化产业转型升级就是以互联网和数字技术为基础，通过创意创新能力的发挥和产业间的深度融合，推动文化产业结构的优化，实现文化产业发展方式由资源型、粗放化向创意型、集约化的转变，进而提高文化产业的规模化和专业化水平。创意型就是要提高文化产品的创新水平和科技含量，规模化是以龙头企业的培育和产业体系的完善为基础，集约化是在规模化的基础上推动文化资源的高产、高效和优质输出，专业化则是指文化企业对某一文化行业的深耕，以及对特色优势文化产业的深入挖掘。

2.2　理论基础

2.2.1　产业组织理论

在人类社会经济发展的进程中，竞争与垄断的话题始终相伴，人类因竞争而生存下来，企业组织因竞争而获得经济利益。当前，在西方经济学的研究范畴中，产业组织理论主要关注"市场竞争与垄断的研究"，它通过探究企业在产业和市场中的行为，"解释产业和市场的运行、绩效以及竞争（垄断）现象"①。产业组织理论的起源可以追溯到古希腊哲学家柏拉图在其著作《理想国》中对分工思想的阐述，他认为劳动分工通过解决个人需要与个人能力之间的矛盾来提高产品的质与量，因此在社会经济体系中，除农民外，还应该有手工业者、商人和店员等群体②。随着工业革命的爆发，英国古典经济学家亚当·斯密（Adam Smith）将关注的重点转向了市场效率和生产组织内部的经济规律的研究，他在阐述自由贸易和自由竞争的基本原则的过程中，提出市场机制的作用是不容忽视的。在亚当·斯密之后，阿尔弗雷德·马歇尔（Alfred Marshall）在研究规模经济成因时提出了著名的"马歇尔冲突"说，他认为企业的规模生产可以引起生产成本的下降和市场占有率的提高，因此规模经济会导致垄断的出现，垄断经营又妨碍了竞争在市场运行过程中作用的发挥。1933 年，剑桥大学的罗宾逊（Joan Robinson）③ 和哈佛大学的张伯伦（E. H. Chamberlin）④ 分别出版了关于不完全竞争问题的研究著作，被认为是现代产业组织理论的雏形⑤。

在产业组织理论发展演变的过程中，出现了多个理论学派。其中，哈佛学派形成最早，代表人物有梅森（E. S. Mason）、贝恩（J. S. Bain）、谢勒（F. M. Scherer）等。1957 年，梅森在其论文集《经济集中和垄断问题》中强调了"把

①　吴汉洪.西方产业组织理论在中国的引进及相关评论［J］.政治经济学评论，2019（1）：3-21.

②　柏拉图.理想国［M］.王净，译.重庆：重庆出版社，2016：49-62.

③　J. Robinson. The Economics of Imperfect Competition ［M］.London：Macmillon Press，1933.

④　E. H. Chamberlin. The Theory of Monopolistic Competition ［M］.Cambridge：Harvard University Press，1933.

⑤　魏农建.产业经济学［M］.上海：上海大学出版社，2008：44.

市场结构和其他客观市场条件作为识别市场行为一般模式的关键因素的重要性”①。此后，贝恩在《产业组织》中提出了"结构—绩效"范式或称贝恩范式②，被认为是 SCP 范式的最初形态。1970 年，谢勒在借鉴前面两位学者研究成果的基础上，提出了"市场结构—市场行为—市场绩效"的分析范式③，最终形成了哈佛学派的产业组织理论分析框架。在哈佛学派看来，市场的脆弱性和难以自我调节性，容易导致巨型企业和垄断的出现，自由竞争体系的破坏限制了市场运行的高效化，因此，政府公共政策的干预对维护市场的有效竞争是十分必要的。与哈佛学派强调对垄断的干预不同，芝加哥学派则认为市场具有自我调节的能力，应该放任其自由竞争。芝加哥学派的代表学者主要有施蒂格勒（G. Stigler）、博克（R. Bork）、波斯纳（R. A. Posner）等，他们以新古典经济学的价格理论作为研究基础，以微观经济学的模型作为分析视角，认为市场机制本身是完美的，政府的介入是没有必要的，有效竞争一直存在，因此借助市场的自我调节可以实现理想竞争的市场经济。与芝加哥学派的观点相似，以奈特的不确定性概念为研究的理论基础的新奥地利学派也崇尚自由竞争。该学派认为，对于经济现象的研究应该以人类行为科学作为有效的分析方法，因此企业家的创新精神是市场竞争的源泉，政府的管制政策和行政垄断只会阻碍竞争的有效性，市场中充分的竞争压力来自于企业可以自由进入市场的机会。以交易费用理论作为理论基础的新制度学派，从制度角度探究经济现象，科斯（R. H. Coase）、诺斯（Douglass C. North）、威廉姆森（O. E. Williamson）等认为企业内部产权结构和组织结构的变化会带来企业市场行为的改变，进而影响企业的市场绩效表现和产业的发展，因此，应该建立一套较完整的治理框架对企业的市场行为进行约束，这一全新的视角丰富了产业组织理论的分析框架。20 世纪 70 年代，以威廉·杰克·鲍莫尔（William Jack Baumol）、吉恩·泰勒尔（Jean Tirole）等为代表的新产业组织理论开始发展起来，该学派对过往的整个产业组织理论体系进行了修正，聚焦于"市场行为"的研究，他们认为，企业的市场行为是为了应对变化的市场环境，不同企业之间的竞争与博弈最终会影响市场结构和市场绩效。

---

① 吴汉洪. 西方产业组织理论在中国的引进及相关评论［J］. 政治经济学评论，2019（1）：7.

② J. S. Bain. Industrial Organization（2nd ed）［M］. New York：John wiler，1968.

③ F. M. Scherer. Industrial Market Structure and Economic Performance［M］. Boston：Houghton Mifflin，1970.

2.2.2 产业结构理论

产业结构理论侧重于对产业体系和不同企业之间资源配置方式及其效果的研究，从 17 世纪威廉·配第（William Petty）、弗朗斯瓦·魁奈（Francois Quesnay）等的研究开始，经过长久的发展，逐渐形成了产业结构演变、产业结构升级和主导产业选择等最具代表性的产业结构理论类型。

2.2.2.1 产业结构演变理论

在产业结构研究的初期阶段，学者们主要从不同的研究视角阐述了产业之间结构转型演变的规律，特别是三次产业之间的演变规律被反复重点论述。17 世纪中期，威廉·配第（William Petty）在《政治算术》中提出了"配第定理"，他通过对多个国家的研究分析表明，农业、工业、商业三者之间的利润呈现出层层上升的趋势，这种现象推动劳动力向收入更高的产业部门流动，[①] 这被认为是产业结构理论的雏形。在此基础上，柯林·克拉克（Colin Clark）以收入弹性差异[②]和投资报酬（技术进步）差异[③]两个机制作为前提条件，通过对 20 个国家的经济数据进行分析，结果表明，人均国民收入的提高促使经济增长的主导权由第一产业转移到第二产业，再转向第三产业，与此同时，劳动力也相应地产生流动，这种由人均收入变化引起产业结构变化的规律就是"配第—克拉克定律"。[④] 库兹涅茨（Simon Smith Kuznets）在"配第—克拉克定律"的基础上，将农业部门、工业部门和服务部门分别与第一、第二、第三产业相对应，同时为了探究产业间的国民收入与劳动力就业之间的关系，他又引入了"比较劳动生产率"[⑤] 的概念，研究结果表明，"科学技术水平的提高与投资的增加，使得第一产业（农业部门）的国民收入占国民总收入的比重与劳动力就业比重持续下降；与第一产

---

① William Petty. Several Essays in Political Arithmetick ［M］. London：Routledge/Thoemmes Press, 1699.

② 当人均收入提高时，农产品作为必需品，不会因收入的提高而增加，其相对需求会减少，那么第一产业的收入弹性下降；相反，制造业产品及服务业的需求会随着收入的提高而增加，收入弹性上升，经济发展到一定程度，第一产业的劳动力会逐渐向第二产业、第三产业转移，这就是收入弹性差异机制。

③ 相比制造业和服务业，农业对高新技术、投资的接受周期较长、接受速度较慢、接受能力较弱，因此农业劳动生产率的提升速度远小于制造业和服务业，会出现"报酬递减"现象，劳动力也逐渐转移到报酬增长的产业，这就是投资报酬（技术进步）差异机制。

④ Colin Clark. The Conditions of Economic Progress ［M］. London：Macmillan. 3rd edition，1957：490 – 512.

⑤ 比较劳动生产率，又称为相对国民收入，用公式表示为：比较劳动生产率=该产业国民收入的相对比重/该产业劳动力数量的相对比重。

业不同，第二产业（工业部门）和第三产业（服务部门）的国民收入占国民总收入的比重是不断上升的，只不过在劳动力就业比重方面，第二产业呈现出不变或略有上升的现象，而第三产业则处于持续上升的趋势"①，这就是著名的"库兹涅茨法则"，该法则不仅进一步印证并发展了"配第—克拉克定律"，而且表明第三产业在吸纳劳动力就业方面具有显著的优势。霍夫曼（W. G. Hoffmann）在库兹涅茨研究成果的基础上，重点对工业结构的重工业化进行了研究，他将工业结构进一步细化为消费资料工业和资本资料工业两个子类型，进而提出了"霍夫曼比例"②的关系式，借此，通过对 20 个国家的时间序列数据的分析，将工业化进程分为四个阶段，第一、第二、第三、第四阶段对应的"霍夫曼比例"分别为 5.0、2.5、1.0、1.0 以下，这一比例会随着工业化的深入而持续下降③。当然，"霍夫曼定理"对应的是资源与资本大量投入的粗放型经济发展模式，这显然不符合当前世界经济的发展趋势。此后，霍利斯·钱纳里（Hollis B. Chenery）等通过对制造业内部产业结构调整的影响因素的研究，提出了工业化发展阶段理论，他认为国内需求的变动、中间（投入）使用量的增加以及要素比例变化产生的比较优势的变化是影响制造业在国民经济所占比重的关键因素，进而他将工业化发展阶段细化为初级产品生产、工业化以及经济发达三个阶段，这在一定程度上揭示了工业结构演变的规律。④

2.2.2.2 产业结构升级理论

以威廉·阿瑟·刘易斯（William Arthur Lewis）、阿尔伯特·赫希曼（Albert Otto Hirschman）、赤松要（Kaname Akamatsu）等为代表的学者在对不同国家或地区经济发展过程中的产业结构升级问题进行研究的过程中，逐渐形成了产业结构升级理论。刘易斯在解释发展中国家的经济问题时，认为现代工业部门的劳动生产率明显高于传统农业部门，但是，现代工业部门的工资如果保持或略高于以前的水平，就容易产生巨额的差额利润，这就是所谓的"二元经济结构"⑤。与

---

① Simon Smith Kuznets. National Income and Its Composition, 1919-1938 [M]. New York：National Bureau of Eco-nomic Research, 1941：929.

② 霍夫曼比例是指消费资料工业的净产值（或附加值）与资本资料工业的净产值比值。

③ 《现代管理词典》编委会. 现代管理词典（第 3 版）[M]. 武汉：武汉大学出版社，2012：354-355.

④ 霍利斯·钱纳里，谢尔曼·鲁宾逊，摩西·赛尔奎因，等. 工业化和经济增长的比较研究 [M]. 吴奇，王松宝，等译. 上海：格致出版社，上海三联书店，上海人民出版社，2015：54.

⑤ 威廉·阿瑟·刘易斯. 二元经济论 [M]. 施炜，谢兵，苏玉宏，译. 北京：北京经济学院出版社，1989：94-101.

刘易斯对发展中国家的关注类似，发展经济学家赫希曼认为资源的稀缺性和企业家的有限性等因素限制了经济的平衡增长，因此发展中国家的经济增长必须沿着"非均衡链"发展，必须将仅有的资源和资金投向那些产业链前后关联性比较强的产业部门，进而发挥这些产业部门的外部经济效应，带动其他产业部门的发展①。20 世纪 80 年代，赤松要在分析日本经济发展模式的过程中，根据产品生命周期理论提出了"雁行产业发展形态论"，他分析了日本的棉花产业在明治恢复之后的发展演变历程，认为日本的经济发展经历了"进口—本土生产＋开拓出口—出口增长"三个阶段，这一演变过程与大雁飞翔的形态极为相似，因而取名为"雁形模式"②。该理论反映了后发工业国家或区域产业结构升级在一定程度上得益于发达工业国家或地区的产业转移，对于东亚国家的经济发展具有重要指导意义。当然，该理论也有一定的局限性，它片面地认为发展中国家或地区将永远处于国际分工的最底端。此外，不同国家或地区之间的产业转移，前提在于产业内部核心技术的稳定，这显然与当前科学技术迅速更新的现实不符。

2.2.2.3　主导产业选择理论

一个产业体系转型升级的过程，本质上也是主导产业部门不断更替的过程，它的发展水平决定了整个产业体系的增长质量，它的成长是整个产业体系发展的主旋律。主导产业的概念最初由阿尔伯特·赫希曼提出，他在探究工业后发国家产业关联度与工业化之间关系的过程中，根据投入产出表得出了选择主导产业的"产业关联度标准"，政府应该重点扶持和发展在整个产业链中关联度高的部门，进而发挥它们的扩散效应以促进整个产业体系乃至整体经济的发展③。此后，华尔特·惠特曼·罗斯托（Walt Whitman Rostow）以科学技术为标准把经济成长过程细分为六个阶段，在不同的阶段都存在数量有限的对国民经济发展起推动作用和带头作用的主导产业部门，尽管部分主导产业部门的力量有限，但是却在整个产业体系中占据支配地位，它具备吸收最新的科学技术成果的能力，通过引入与最新技术相关联的新的生产函数提高生产率，进而发挥其扩散效应和波及效应，

---

①　阿尔伯特·赫希曼. 经济发展的战略［M］. 曹征海，潘照东，译. 北京：经济科学出版社，1991：130-141.

②　Kaname Akamatsu. A Theory of Unbalanced Growth in the world Economy［J］. Weltwirtschaftliches Archiv，1961，86（2）：195-217.

③　Albert Otto Hirschman. The Strategy of Economic Development［M］. New haven：Yale University Press，1958：105.

推动其他产业部门乃至整个国民经济的发展①。同时，罗斯托进一步指出，主导产业部门的选择不是一成不变的，在整个产业发展过程中，主导产业部门始终处于有序更替的动态变化状态。20世纪50年代，筱原三代平进一步深化和完善了主导产业理论，明确提出了主导产业部门的选择标准——收入弹性基准和生产率上升基准②，他认为应该选择那些收入弹性基准和生产率上升基准高的产业部门作为主导产业，这样就可以从社会需求和社会供给两个角度促进整个产业体系的转型升级。比较优势理论作为主导产业理论的重要组成部分，被大卫·李嘉图（David Ricardo）在研究自由贸易的过程中提出，他认为一个国家应该将所有资源投入到与他国相比劳动效率更高的产品的生产中③。此后，赫克歇尔（Heckscher）和他的学生俄林（Ohlin）进一步深化了李嘉图的比较优势理论，他们从生产要素的视角入手，认为一个国家（地区）的生产要素或者资源的禀赋条件决定了不同产业的比较优势，因此应该优先发展那些在资源禀赋条件方面具有优势的产业④。

2.2.3　产业布局理论

研究产业布局具有战略性意义，它会直接影响产业转型升级的效率和质量。产业布局理论形成于19世纪末20世纪初，代表性的学者有约翰·冯·杜能（Johann Heinrich Von Thunen）、阿尔弗雷德·韦伯（Alfred Weber）、埃德加·M.胡佛（Edgar Malone Hoover）、克里斯塔勒（W. Christaller）等。率先开展产业布局研究的是约翰·冯·杜能，他的孤立国和农业圈层理论，被认为是学术界最早的农业区位⑤理论，为后世的研究奠定了基础。此后，阿尔弗雷德·韦伯论述了工业区位理论的概念、原理和规则，认为原料运输费用决定了工业布局，同时，劳动费用和聚集力也是工业布局不容忽视的因素⑥。

---

① Walt Whitman Rostow. The Theory of Stage of Economic Growth［M］. London：Macmillan & Co，1960：145.
② 筱原三代平. 产业结构论［M］. 北京：中国人民大学出版社，1990：30.
③ 大卫·李嘉图. 政治经济学及赋税原理［M］. 周洁，译. 北京：华夏出版社，2013：90-92.
④ 薛黎明，李翠平. 资源与环境经济学［M］. 北京：冶金工业出版社，2017：287.
⑤ 区位一词来源于德语"standort"，英文于1886年译为"location"，即"定位置、定场所"之意，我国译成"区位"，日本译成"立地"，在某些情况下也可意译为"位置"或"布局"，它作为人类征服空间环境的一个侧面，是为寻求合理空间活动而创建的理论。
⑥ 阿尔弗雷德·韦伯. 工业区位论［M］. 李刚剑，陈志人，张英保，译. 北京：商务印书馆，2010：228.

杜能和韦伯开创了产业布局理论研究的先河，此后众多学者从不同视角切入产业布局的研究，逐步形成了多个理论学派[①]。成本学派的代表性学者是埃德加·M.胡佛，他认为线路运输费用和站场费用共同构成企业的运输成本。在胡佛来看，如果企业的原料、产品、市场等因素具有唯一性，那么企业的原料和市场之间存在直达的运输线路，这条运输线的起点是企业最优的布局区位，因为这样可以避免额外的站场费用；如果企业的原料与市场之间不存在直达的运输线路，那么港口或其他转运点就是企业的最优布局区位。克里斯塔勒是市场学派的代表性学者，他认为利润的最大化并不仅只取决于成本的最低，市场需求影响产品价格。因此，企业的区位选择应该考虑市场的因素，尽可能地布局在利润最大区位，这就是"商业中心地理论"的主要内涵[②]。成本—市场学派是在上述两者基础之上形成的，代表性的观点有俄林的一般区位理论和弗农的产品生命周期理论。俄林认为交通运输便利的区域应该布局那些具备规模经济优势并且生产难以运输的产品的企业；相反，对于交通不便的区域则应该布局那些生产易于运输的产品的企业。弗农将产品的生命周期划分为创新期、成熟期、衰退期三个阶段：在创新期，企业应该布局在科研技术实力雄厚、技术人才集中、基础配套设施完善的大城市；在成熟期，大城市的生产成本较高，因此企业的厂址应该向周边地区转移；在衰退期，产业的核心技术趋于稳定，市场需求基本饱和，企业的区位选择开始转向科技落后地区。

2.2.4 产业政策理论

有古典经济学家认为，市场是自由竞争的前提条件，市场机制完全可以实现资源的优化配置，政府制定产业政策干预国民经济的发展是没有必要的。因此，在国民经济发展的过程中，政府只需要扮演"守夜人"的角色即可[③]。但是，在世界经济发展的历程中，如经济周期性的波动、经济危机的爆发等不良经济现象时有发生，这些证明了"市场调节失灵"的存在。因此，越来越多的经济学家认为，"无形的手"对于市场的调节并非万无一失，政府监管这一"有形的手"

---

① 朱涛. 现代产业经济学 [M]. 郑州：河南大学出版社，2016：117-118.
② 沃尔特·克里斯塔勒. 德国南部中心地原理 [M]. 常正文，王兴中，等译. 北京：商务印书馆，2010：231.
③ John D. Adams. Transforming Work [M]. Alexandria, VA：Miles Review Press, 1984：1-3.

· 34 ·

也需要参与到经济调节的过程中去。因此，政府可以通过制定产业政策对产业发展进行调控，以科学有效地指导产业可持续发展。

产业政策理论的起源可以追溯到十四五世纪的重商主义经济思想，以约翰·海尔斯（John Hales）、马林斯（Gerard DeMalynes）、托马斯·孟（Thomas Mun）、让·博丹（Jean Bodin）、孟克列钦（Antoyne de Montchretien）、塞拉（Antonio Serra）等为代表的重商主义经济学家认为，金银货币是国家财富的唯一存在形式，加强金银矿藏的开采和赢得贸易顺差是增加国家财富总量的重要手段，贸易顺差的赢得必须借助于政府强有力的贸易保护政策。尽管重商主义经济学家所倡导的国家干预与贸易保护的思想在一定程度上限制了资本主义工业市场的扩大，但是，它对后世的产业政策理论产生了重要影响。1791 年，亚历山大·汉密尔顿（Alexander Hamilton）向国会呈交了《关于制造业的报告》，这被认为是产业政策理论诞生的最为重要的标志[①]。在该报告中，汉密尔顿在抨击托马斯·杰斐逊（Thomas Jefferson）的"农业立国"思想的基础上，提出了十几个基本政策原则以推动美国制造业的发展[②]。19 世纪 30 年代，工业革命在美国如火如荼兴起后，美国政府根据汉密尔顿的《关于制造业的报告》推行了一系列的产业政策以推动本国"幼稚产业"[③] 的发展，此后，亨利·克莱（Henry Clay）、丹尼尔·雷蒙德（Daniel Raymond）、马修·凯里（Mathew Carey）等经济学家进一步继承、发展和完善了汉密尔顿的产业政策理论。

1824~1830 年，弗里德里希·李斯特（Friedrich List）流亡美国时，深受丹尼尔·雷蒙德经济思想的影响，从一个自由贸易者转变为幼稚产业保护主义者。李斯特以国家作为经济学研究的主体，深入阐述了西方主要国家的贸易和产业政策，他认为，英国政府提倡的自由贸易只是假象，事实上它所推行的经济保护的产业政策才是走向经济繁荣的秘密武器。因此，李斯特（1961）认为，贸易自由政策只适用于发达国家维护自身的利益，关税保护制度才是以德国为代表的落后国家实现工业化的保障，当然，这种保护政策只是特定国家在特定经济发展阶段

---

① 部分经济学学者把李斯特《政治经济学的国民体系》的出版视为产业政策理论诞生的真正标志，但笔者认为，李斯特的思想在很大程度上是受汉密尔顿及其继承者影响而来，因此，更应该把汉密尔顿视为现代产业政策的创始人。

② Richard Bingham. Industrial Policy American Style［M］. New York：M. E. Sharpe，1997：22.

③ 幼稚产业（Infant Industry）是指某一产业处于发展初期，基础和竞争力薄弱，但经过适度保护能够发展成为具有潜在优势的产业，最初于 18 世纪后半期由美国独立后的第一任财政部长汉密尔顿提出。

的选择，最终还是要在国际贸易中实现自由贸易①。20 世纪中后期，李斯特的产业政策理论逐渐得到东亚、拉美、非洲等新兴经济体的重视，日本就是其中的典型代表。"二战"后，日本为了复兴国内经济的发展，采取了一系列强有力的产业政策，进而带动了日本产业政策理论研究的深入。小宫隆太郎（Ryutaro Komiya）、伊藤元重（Motoshige Ito）、尾崎（Ozaki）、佐贯利雄（Sanuki Toshio）、小岛清（Kiyoshi Kojima）等学者对产业政策的概念、作用、体系等内容进行了深入探究。② 此后，现代产业政策理论主要从如何弥补市场失灵方面进行了一系列的探究。豪斯曼（Ricardo Hausmann）和罗德里克（Dani Rodrik）作为现代产业政策理论的知名代表性学者，他们从协调失灵和信息外溢③两个角度对产业政策的作用进行了全新的诠释。他们认为，必须借助政府产业政策的干预，才能有效弥补市场失灵的缺陷，促进发展中国家社会经济的发展，从而确立了产业政策在现代经济中的重要地位④。

2.2.5 产业创新理论

从一定意义上看，人类的文明发展史也是一部创新发展史。产业创新是一个动态变化的过程，只有推动信息、技术、知识、人力、物质等创新要素不断流动，才能实现创新的目标。尽管创新的历史源远流长，但是直到 20 世纪初，约瑟夫·熊彼特（Joseph Alois Schumpeter）才把创新作为一种理论和方法进行研究。在研究初期，熊彼特认为创新是生产要素的新组合，产品、技术、组织、市场等层面的创新活动可以提高资源配置的效率⑤。此后，他进一步详细而深入地论述了创新理论体系，他认为创新存在于经济活动的各个领域，它是经济增长的动力和源泉，经济的周期性变化来源于创新在不同经济领域时间的长短和效果的差异。技术创新和制度创新是熊彼特创新理论体系的核心内容，他认为企业家精

① 弗里德里希·李斯特. 政治经济学的国民体系 ［M］. 陈万煦，译. 北京：商务印书馆，1961：354−363.

② 姜达洋. 现代产业政策理论新进展及发展中国产业政策再评价 ［M］. 北京：经济日报出版社，2016；49−52.

③ 协调失灵是指市场是复杂的，以致市场中每一个人的收益都是取决于市场的其他参与者的行为。信息外溢是指在一个社会生产一种新产品过程中的成本结构的确定。

④ Sanjaya Lall. Reinventing Industrial Strategy：The Role of Government Policy in Building Industrial Competitiveness ［R］. the Intergovernmental Group on Monetary Affairs and Development，2003.

⑤ 约瑟夫·熊彼特. 经济发展理论：对于利润、资本、信贷、利息和经济周期的考察 ［M］. 牛张力，译. 北京：中国社会出版社，1999；84−85.

神是创新的主要动力，创新的成败取决于企业家素质的高低①。熊彼特的创新理论被称为古典创新理论，由于无法准确解释当时世界各国经济增长率的差异，所以并未引起广泛关注。20 世纪 50 年代后，随着科学技术在经济增长中的作用越来越突出，学术界开始重新审视创新理论，涌现出一批批熊彼特的追随者，他们的理论补充和发展了他的创新理论学说，如内森·罗森堡（Nathan Rosenberg）的技术创新链环回路模型、施莫克勒（Schmookler）的技术创新需求引导模型等②。

20 世纪 50 年代，熊彼特的创新理论逐渐成为经济学的主流后，分化为技术创新学派和制度创新学派。技术创新学派的代表罗伯特·默顿·索洛（Robert Merton Solow），在《对经济增长的贡献》《技术进步与总生产函数》《在资本化过程中的创新：对熊彼特理论的评论》等论文中，通过测算发现了技术进步是经济增长的必要条件，新思想的来源和随后阶段的发展是技术创新的基本条件③。此后，弗里曼（Freeman）的创新经济学理论体系、门斯（G. Mensch）对熊彼特技术长波论的验证，推动了技术创新理论逐渐走向繁荣④。20 世纪 80 年代，缪尔塞（R. Mueser）、厄特巴克（J. Utterback）等学者将技术创新理论引向了综合发展。制度创新学派的代表道格拉斯·诺斯（Douglass C. North）在其一系列的研究成果中，详细阐述了制度创新和制度安排对经济增长的贡献，他认为个人、资源合作性的安排和政府安排是推动制度创新的主要方式⑤。弗农·拉坦（Vernon Rutton）在制度创新学派研究成果的基础上，提出了诱致性制度变迁理论，他认为制度的变迁会影响技术革新知识的产生，因此应该运用技术变迁的研究方法来探讨制度变迁，将两者统一在一个相互作用的逻辑框架中⑥。

产业创新理论在社会制度研究领域的扩展，促进了国家创新体系、社会管理创新、知识创新等综合性创新理论的产生和发展。20 世纪 80 年代，理查德·R. 纳尔逊（Richard. R. Nelson）和克里斯托弗·弗里曼（Christopher Freeman）率先

① 陈春生，杜成功，路淑芳. 创新理论与实践［M］. 石家庄：河北人民出版社，2014：2.
② 李士，徐治立，李成智，等. 创新理论导论［M］. 合肥：中国科学技术大学出版社，2009：2.
③ 李仲生. 欧美人口经济学说史［M］. 北京：世界图书北京出版公司，2013：169-171.
④ 庄卫民，龚仰军. 产业技术创新［M］. 上海：东方出版中心，2005：64-67.
⑤ 道格拉斯·C. 诺斯. 制度、制度变迁与经济绩效［M］. 杭行，译. 上海：格致出版社，上海三联书店，上海人民出版社，2014：147-150.
⑥ 弗农·拉坦. 诱致性制度变迁理论［C］// 科斯，等. 财产权利与制度变迁：产权学派与新制度学派译文集. 刘守英，译. 上海：上海三联书店，1994：329.

提出了国家创新体系的概念，他们认为国家创新系统是技术创新和政府职能的结合，也是实现经济追赶和跨越的重要手段①。国家创新理论主要包括宏观和微观两个学派，宏观学派注重对不同国家创新特点的比较研究，微观学派侧重于企业、大学、科研机构等创新组成要素关系的研究。彼得·德鲁克（Peter F. Drucker）是管理创新领域的倡导者，他认为"创新是在知识积累基础上进行组织的系统工作，它可以赋予资源新的创造财富的能力，并使经济成为更有活力的创造性活动"②。戴布拉·艾米顿（Debra M. Amidon）是知识创新概念的提出者，他认为，知识创新就是借助创造、交流等方式实现新思想与经济服务等活动融合的过程，可以促进企业的成功、国家和社会的进步③。我国学者主要从系统论的视角切入创新理论的研究，确立了创新的系统范式并将其扩展到更为广阔的领域④。

2.3 文化产业转型升级的动力因素

文化产业转型升级受到由多重动力因素相互联系与作用构成的动力机制的影响，各种动力因素在不同的时空维度上推动了文化产业的转型升级。从文化资源转化为文化产业新业态，再到文化产业新业态的培育，文化产业转型升级的宏观动力因素和微观动力因素共同发挥作用，影响到文化产业转型升级的进程。

2.3.1 宏观动力因素

从宏观视角来看，外源性动力、内生性动力和导向性动力三种形态构成了文化产业转型升级的宏观动力系统。具体而言，经济发展形势是文化产业转型升级

---

① Christopher Freeman. Technology Policy and Economic Performance：Lessons from Japan ［M］. London：London Pinter，1987：155.

② 彼得·德鲁克. 创新与创业精神 ［M］. 张炜，译. 上海：上海人民出版社，上海社会科学院出版社，2002：36.

③ 戴布拉·艾米顿. 知识经济的创新战略：智慧的觉醒 ［M］. 金周英，等译. 北京：新华出版社，1998：10-11.

④ 李士，徐治立，李成智等. 创新理论导论 ［M］. 合肥：中国科学技术大学出版社，2009：13-14.

的外源性动力，经济全球化的趋势和经济发展方式的转变要求文化产业的发展必须借助转型升级达到提质增效的目标。文化资源的开发与保护、文化产业新兴业态的培育、文化产业与其他产业的融合发展共同构成了文化产业转型升级的内生性动力，文化资源价值的不断释放、文化产业新兴业态的涌现以及产业融合的深入推动着文化产业的转型和升级。政府运用各种宏观调控手段，规范和引导文化产业发展，是加快文化产业转型升级的导向性动力。

2.3.1.1 外源性动力

文化产业是时代发展的产物，它的兴起、演进和发展建立在一定的经济基础之上，经济总量的增加为文化产业发展提供了资源、市场、资本、技术等生产必需品。当然，文化产业的发展又会反作用于经济发展方式和经济结构的转变，提高经济发展的效率和质量。由此可见，文化产业发展与经济增长是相互影响、相互促进的关系。因此，经济发展形势的变化必然会影响文化产业的发展方向，对文化产业发展提出了更高的要求，这些都为文化产业转型升级提供了外源性动力。

在市场经济发展和科学技术进步的双重驱动下，不同国家或区域之间突破了地理空间的限制，全世界已经成为一个相互影响、相互依赖、相互融合的统一体，全球化趋势的加快促使各种文化以"融合""互异"的方式在世界范围内交流互动，进而引起文化经济生产要素在全球范围内的流动，为文化产业发展提供了更为丰富而新鲜的养料。全球化打破了土地、疆域划分的限制，形成了世界范围的更为广阔的文化市场，这为文化产业实现转型升级和参与国际竞争提供了强大的外源性动力。当然，全球化趋势为文化产业发展提供外部机遇的同时，仍然面临许多挑战。正如理查德·佛罗里达（Richard Florida）所言："犹如经济活动地理，文化地理越过了紧张的本土与全球关系力场而延伸，文化生产越来越倾向集中于一组特权的企业和工人的地方集聚区，而最终产品被输送到空间更加伸展的消费网络之中"[1]，欧美、日韩等文化产业发达国家或地区发挥其在文化产业生产、融资、营销等方面的优势，始终处于全球产业链的顶端位置，牢牢占据着全球文化市场的统治地位。我国的文化产业起步较晚，长期处于文化产业全球产业链的低端位置，在全球化的贸易中存在着与传统制造业相似的"纽扣现象"[2]。

---

[1] Richard Florida. The Rise of the Creative Class [M]. Richard Florida Creativity Group, 2005：69.

[2] "纽扣现象"通常用来形容中国制造业的"中国制造"特点：由于缺乏自主品牌，只能为国外做贴牌加工，或出口类似于纽扣的小零件，导致产品附加值低，企业收益率低。

以动漫产业为例，享誉全球的《人猿泰山》《玩具总动员》《钟楼怪人》等好莱坞动漫影片，高附加值的核心制作都是由好莱坞的团队负责完成的，部分低附加值的后期加工制作则是在我国深圳完成的。所以在全球化背景下，我国文化产业在全球竞争中仍然处于不利位置，规模化、市场化、专业化等方面的不足加剧了我国文化产业发展的紧迫感和压力感，这种压力在文化产业转型升级中也将会不断转化为外源性的驱动力，促进文化产业转型升级步伐的加快。

文化产业作为宏观经济的组成部分，它的发展演变与宏观经济形势的变化密不可分。从长期来看，中华人民共和国成立以来，作为发展中国家，我国长期处于工业化进程中，改革开放推动经济管理体制由计划经济向市场经济转变，提升了工业化的速度和水平，我国开始进入工业化和城市化的中期，对社会经济发展提出了新的要求。从短期来看，2007年以来，全球性的金融危机促使世界各国经济发展进入增长低谷期和结构调整期，我国更是呈现出"四期叠加"的复杂局面：与世界经济周期波动一致的增长低谷期和与全球性金融危机一致的经济结构调整期、经济发展"新常态"和增长速度换挡期、经济增长与社会发展到中等收入阶段后产业结构的调整期以及保增长目标下强刺激政策的消化和调整期[①]。需要特别指出的是，2020年初暴发的新冠肺炎疫情席卷全球，世界各国的应对措施进一步加剧了全球经济的动荡不安。面对复杂的经济形势，我国政府秉持"保增长—保就业—保稳定"的基本逻辑，通过增加投资和扩大内外循环保持一定的经济增长速度，这一举措在短期内阻止了经济增长速度的下滑，从长期来看，只有转变经济发展方式、不断优化产业结构、增强自主创新能力才是我国着力推进的系统性工程，因此加快供给侧结构性改革和推动新旧动能转换，已经成为推动我国经济高质量发展的重要举措。面对宏观经济形势的复杂性和不确定性，对文化产业转型升级提出了更高的要求，不仅需要借助转型升级提升文化产业的发展质量，而且还需要通过产业融合的方式推动整个产业体系朝着健康、平稳、可持续方向发展。

2.3.1.2 内生性动力

文化产业与传统产业有较大的差异，文化产业是借助个人创意或创意阶层对文化资源的艺术创新而形成的一种智慧产业、知识产业、版权产业和审美产

---

① 黄少安. 新旧动能转换与山东经济发展［J］. 山东社会科学，2017（9）：101-108.

业①。因此，对文化资源进行科学的保护与开发，不断突破资源认知限制和产业边界，就成为驱动文化产业转型升级和高质量发展的重要动力。当然，艺术创新需要实现产品功能的"硬创新"与产品审美价值的"软创新"的融合，在内容创意、生产制造、营销推广、传播消费等环节中积极与其他产业融合，进而不断培育文化产业新业态，为文化产业转型升级提供源源不断的内生动力。

马克思在《巴枯宁〈国家制度和无政府状态〉一书摘要》中明确提出了包含物质生产力和精神生产力的"两种生产力"的概念②，这在一定程度上肯定了文化的生产力性质。戴维·思罗斯比（David Crosby）在皮埃尔·布尔迪厄（Pierre Bourdieu）文化资本理论的基础上，进一步提出"文化资本是以财富的形式具体表现出来的文化价值的积累，以有形或无形的形式存在"③，他们以资本来替代资源的概念，更能凸显文化资源的经济属性。因此，文化资源作为文化产业形成和发展的基础，只有对其进行科学有效的保护与开发，才能释放文化价值和经济价值，进而将资源优势转化为产业优势。同时，对文化资源的保护与开发，可以为文化产业转型升级提供足够的新鲜原料。当前，文化产业发展面临的突出问题是供需不平衡的矛盾，这是文化产业转型升级需要着力解决的难题，从一定意义上讲，这离不开文化资源的有效保护与科学开发。文化资源具有绿色环保、低能耗、可再生等特点，这些优势使其具备了文化产品属性和社会价值属性，因此文化资源的保护与开发又是文化产业转型升级的有益补充和有力抓手。当然，文化产业转型升级需要提高文化资源保护与开发的质量与效率。当前，在现代文化产业运行的过程中，将文化资源的外在价值与实质价值进行更好的整合提升，是推动文化产业转型升级的关键，这已经成为文化产业转型升级的动力所在。

文化产业新业态是一个不断变化的动态概念，在当代科技背景下，它是互联网和数字技术作用于文化领域的产物，成为文化产业转型升级的助推器。"人类文化发展的历史，是一个文化和科技互相撞击的历史，它们之间的每一次大融

---

① 向勇. 文化立国［M］. 北京：华文出版社，2012：9.

② 马克思，恩格斯. 马克思恩格斯论巴枯宁主义［M］. 中共中央马克思恩格斯列宁斯大林著作编译局，译. 北京：人民出版社，1980：610-615.

③ 戴维·思罗斯比. 什么是文化资本［J］. 潘飞，译. 马克思主义与现实，2004（1）：50-55.

合，都推动了人类文明发展的飞跃"①，先进科学技术对文化领域的渗透，实现了文化产业新旧业态的不断演变和发展。文化产业新旧业态的演变是文化产业转型升级的主要推动力量，它不仅可以通过产业的协调发展和结构的优化实现文化产业结构的高度化、合理化，而且能够借助生产要素的优化配置、科学技术水准与组织管理水平的提升以及文化产品与服务质量的提高，实现文化产业素质与效率的明显进步。同时，文化产业新业态的构建又可以促进文化产业发展向规模化、集约化和专业化的方向转型升级。以出版业为例，作为传统的文化产业门类，它通过与搜索引擎、移动终端、电子阅读器等为代表的数字出版技术相结合，逐渐改变了衰退、没落的行业态势。网络书店、电子书、移动阅读等出版业新业态的涌现，促进了出版业运行机制的革命性变化，加速了出版业的转型升级。当然，文化产业新业态的培育不能仅仅依靠科技的进步和个人创意的发挥，它是多重因素综合作用的产物。文化产业管理体制和机制的创新可以理顺管理部门与企事业单位、中介机构的关系，完善宏观文化调控机制，进而解放和发展文化生产力，形成有利于创新创造的文化产业新型业态培育和发展环境。政府规制则可以限制、调控和规范个人或组织的文化产业行为，引导文化产业的发展方向，支持和规范文化产业新业态的培育和发展。

按照产业经济学的观点，科技进步加速了社会分工的进程，社会分工又促进了产业的形成与发展。随着人们逐渐认识到文化活动在经济增长中的重要作用，文化产业的概念被广泛提及并且开始纳入经济学和国民经济统计的范畴。尽管按照三次产业分类方法，文化产业主要属于服务业范畴，但是工业生产和商业服务的双重属性又显示出文化产业与其他产业广泛而复杂的联系②。文化产业与其他相邻产业的边界逐渐变得模糊，这些模糊地带呈现出鲜明的产业融合特征，尽管这一特性导致文化产业的概念和形态呈现出不断变化的状态，但是也迅速扩展了文化产业的规模并促进了文化产业的迅猛发展。2011 年 10 月，在《中共中央关于深化文化体制改革推动社会主义文化大发展大繁荣若干重大问题的决定》中，明确使用了"支柱性产业"的表述，而非"支柱产业"。产业规模在国民经济中的比重是衡量一个产业是否具有支柱地位的重要依据，按照国际同行算法，"支

① 吴忠，李凤亮，向勇等. 文化科技融合助推产业升级——2012 文化科技创新论坛专家观点摘编 [N]. 中国文化报，2012-12-04（011）.

② 张晓明. 中国文化产业十家论集——张晓明集 [M]. 昆明：云南大学出版社，2015：260.

柱产业占 GDP 的比重需达到 5%"①。根据国家统计局公布的数据显示，尽管我国文化产业增加值占 GDP 的比重已经从 2010 年的 2.75% 提高到了 2018 年的 4.48%②，但是距离支柱产业 5% 的占比仍有较大差距。因此，对于文化产业"支柱性产业"的界定显然是具有深意的，它不仅要求文化产业具有一定的产业规模，而且还要在产业结构和发展方式上具有创新性与引领性的特点；不仅要在内容生产和技术创新上具有推动产业自身发展的竞争力，还要能够带动其他相关产业的发展。显然，文化产业转型升级在"支柱性产业"的战略思维中，必然需要进入一个以文化产业为核心的全方位的产业融合过程中。文化产业与农业、制造业以及服务业中各相关产业的融合，广泛涉及内容提供、技术创新、平台设计、资本运作、管理创新等领域，它们之间的渗透与融合，不仅可以提升其他产业的文化附加值，更为重要的是能够推动文化产业发展方式从粗放型向集约型的转变，促进文化产业发展方式从资源开发向内容创新的转变，最终实现文化产业转型升级的战略目标。

2.3.1.3 导向性动力

凯恩斯学派反对市场自由主义，认为政府的宏观调控可以实现资源的有效配置。管理体制与政府政策是宏观调控的重要手段，我国文化产业的兴起和发展是在一定的制度环境和政策安排中展开的，通过管理体制的改革和政府政策的完善，可以引导文化产业的发展方向，形成文化产业转型升级的导向性动力。

政府政策是政府通过运用公共权力制定相关的产业发展、市场竞争、价格管理、财政税收等政策规定，用以限制、调控和规范个人或组织的行为，文化产业转型升级亟须政府政策的引导和支持。在知名学者胡惠林（2006）看来："文化产业政策是政府根据文化经济发展的要求及一定时期内文化产业的状况和变动趋势，以市场机制为基础，规划、引导和干预文化产业形成和发展的政策。"③ 由此可见，文化产业政策对文化产业的发展具有突出的导向性作用，任何变化都会影响文化产业转型升级的进程。文化产业政策在具体运行的过程中，通过制定竞争政策优化文化产业市场环境，借助货币、财税等政策手段实现文化产业供需的基本平衡，凭借产业政策和产业发展规划引导并调控优势产业的发展。2017 年 1

---

① 连玉明等. 新改革经济学［M］. 北京：当代中国出版社，2013：303.
② 国家统计局. 2018 年全国文化及相关产业增加值占 GDP 比重为 4.48%［EB/OL］. http：//www. stats. gov. cn/tjsj/zxfb/202001/t20200121_1724242.html，2020-01-21/2020-02-24.
③ 胡惠林. 文化产业学——现代文化产业理论与政策［M］. 上海：上海文艺出版社，2006：302.

月，习近平在主持中央政治局第三十八次集体学习时明确提出："使市场在资源配置中起决定性作用和更好发挥政府作用"，这从顶层设计的角度要求政府管理体制和产业政策需要围绕产业转型升级做出相应的调整。因此，要利用政府政策来发挥市场的决定性作用，通过产业政策来弥补市场失灵的缺陷，这已经成为推动文化产业转型升级的重要手段。

2.3.2 微观动力因素

文化产业宏观上的转型升级源于文化产业微观个体的转型升级与发展壮大。就文化产业具体业态来看，资源禀赋、市场需求、产业创新以及文化贸易等因素是其发展的主要微观动力因素。

2.3.2.1 资源禀赋动力

文化资源禀赋是一国或地区文化产业发展的基础，更是文化产业转型升级的基本动力。资源禀赋理论是瑞典经济学家俄林为了解释李嘉图的比较优势理论而提出的，它以不同国家从事经济活动时所依托的生产资料的状况为基础。我国学者林毅夫等（1994）在论述亚洲"四小龙"经济发展的成功经验时，进一步拓宽了资源禀赋所涵盖的要素范围，他们认为资源禀赋不仅局限于"土地、劳动力与资本"三个要素，而且还涵盖了包括社会资源在内的更为宽泛的领域①。在市场经济条件下，由于一国或地区的文化资源禀赋在特定时期是固定的，它决定了该区域文化产业发展的初始阶段的比较优势，但是随着时间的推移和市场竞争的展开，文化资源的禀赋又处于动态变化中，它深刻影响着文化产业的转型升级。也就是说，文化产业转型升级内生于文化资源禀赋所形成的比较优势，其最优化的文化产业发展形态必然是与其所持有的文化资源禀赋相一致的。只有将文化产业转型升级建立于其所持有的文化资源禀赋的基础上，文化企业才能够在文化产品或服务的生产中充分利用相对丰厚和性价比高的文化生产要素，从而在文化市场竞争中占据优势地位。同时，文化资本积累能力的提升，又可以反过来推动文化资源禀赋从初级向高级的转化，进而推动文化产业转型升级。

2.3.2.2 市场需求动力

产业转型升级是世界经济发展的必然规律和必经阶段，人们对高质量文化生

---

① 林毅夫，蔡昉，李周.中国的奇迹：发展战略与经济改革［M］.上海：上海人民出版社，1994：96-98.

活的需求是其重要推动力。按照消费经济学的观点，人均收入水平的提高影响了人们消费需求的变化，这一变化呈现出由"以理性需求为主的阶段"向"追求便利与机能的阶段"的转变，再向"追求时尚与个性的阶段"的转移①。改革开放以来，政策红利和人口红利极大地推动了我国经济的增长，人们的收入水平也获得了迅速提升。根据国家统计局公布的数据显示，2018 年全国居民人均可支配收入为 28228 元，反映居民消费层次的恩格尔系数为 28.4%②，人均可支配收入的提高和恩格尔系数的降低改变了人们的消费结构，文化消费的旺盛需求影响了文化产业转型升级的速度和方向。伴随人们文化消费水平的提高，消费个体高质量、多层次的文化需求为文化产品和服务的创新生产提供了方向和动力。为了适应人们便捷化、高端化、个性化的文化需求，文化产品和服务的生产者与提供者需要借助互联网、大数据等先进科学技术手段，改进生产工艺、改变产品设计、提升产品内涵，催生出新的文化产业业态。需要注意的是，对于特定区域的文化产业转型升级而言，区域内的市场需求确实发挥着重要的拉动作用，但是任何区域市场都是世界市场的组成部分，如果借助成本优势生产传统的或创新程度较小的文化产品和服务来实现文化产业转型升级，那么短期内可能会占据区域市场，但很快就会被外部市场的竞争对手凭借其在生产成本、产品创新、文化审美等方面的优势超越。因此，特定区域内的文化产业转型升级不能将目光局限于区域市场需求，而是应该以全球市场需求为动力。总而言之，市场需求是经济活动发展与演变的源泉，文化市场需求是文化产业转型升级的重要驱动力。

2.3.2.3 产业创新动力

文化产业是一个以创意策划为开端，以文化内容为核心，以传播渠道为路径，以满足受众精神文化需求为目标的服务性产业，可以说，创新不仅是它的基本特征，而且更是其转型升级的重要驱动力。与传统制造业侧重于供给端技术性的"硬创新"不同，文化产业不仅要强调科学技术在文化产品上带来的"硬创新"，而且要更加注重需求端的"软创新"，通过产业与资本嫁接、产业跨界融合等方式实现文化市场开拓、文化资源配置、文化产业商业模式转换以及文化产业业态更新等方面的非技术性创新。熊彼特（1999）认为，创新是一个经济概念而非技术概念，它是一种新的生产函数的建立，是涉及产品、生产方法、市场、

---

① 吴炳新. 消费经济学［M］. 北京：对外经济贸易大学出版社，2016：17-19.
② 国家统计局. 经济运行稳中有进　转型发展再展新篇——《2018 年统计公报》评读［EB/OL］. http：//www.stats.gov.cn/tjsj/sjjd/201902/t20190228_1651270.html，2019-02-28/2020-03-28.

生产要素供应源、组织形式等生产要素和生产条件的"新组合"①。创新以扩散的方式推动文化产业转型升级，通过生产力要素由其他产业向文化产业转移或由文化产业内部的某些行业部门流向新兴文化产业行业部门的方式，逐步淘汰不具有发展潜力的文化产业行业，借助文化产业结构的调整拉动文化产业转型升级。科学技术的进步在文化产业转型升级的过程中扮演着重要角色，文化产业内部的某个行业部门或文化企业采用一项成功的技术创新，会为其带来直接的竞争优势，进而引起全行业的模仿甚至超越。从纸质媒介到电子媒介，再到互联网媒介甚至手机媒介，科学技术的每一次创新都深刻影响着文化产业的价值链条。在文化产业内部，具体的行业部门或文化企业为了维持技术创新所形成的竞争优势会进行组织形式的创新以建立一套与新技术相适应的制度安排。处于跟随状态的文化产业行业部门或文化企业会借鉴并采用这些技术创新和组织创新的成果，进而扩散到整个行业并走向成熟，最终引起文化市场的创新。在文化产业创新的过程中，文化生产力要素的重新组合实现了文化产业资源的优化配置和高效利用，文化产业经济要素的动态演进驱动了文化产业进一步的转型升级。

2.3.2.4　文化贸易动力

文化贸易本质上反映的是一个国家或地区文化产业发展水平的市场表现，是文化产业转型升级进程中不可忽视的动力因素。一个国家或地区的文化贸易与该区域的对外开放程度紧密相连，二者共同影响了该区域的文化产业结构，进而拉动了文化产业转型升级。封闭的市场环境往往会限制本地文化产业与外部文化市场的联系，难以实现文化产业的整体协调发展；开放的市场环境能够加强与外部文化企业的合作和交易，丰富文化贸易成果，带动文化产业转型升级。需要注意的是，国际文化贸易对于文化产业转型升级的拉动效应更为突出。一国或地区在参与国际文化贸易的过程中，为了占据全球产业价值链的顶端，就必须生产具有高文化附加值、高科技含量、高知识信息、高审美格调等特征的文化产品。与之相似的，国际文化贸易的顺差或逆差也会带动文化产业转型升级。若在国际文化贸易中处于顺差状态，旺盛的外部文化需求会带来更多的文化生产要素，为文化产业转型升级奠定更为坚实的基础；反之，若在国际文化贸易中处于逆差状态，外部文化产品的大量涌入会加剧内部的文化市场

---

① 约瑟夫·熊彼特. 经济发展理论：对于利润、资本、信贷、利息和经济周期的考察［M］. 牛张力，译. 北京：中国社会出版社，1999：75.

竞争，刺激内部的文化企业转型升级以便能与世界文化产业接轨，进而带动文化产业全行业的转型升级。

2.4　文化产业转型升级的趋势

政策红利、资源红利与人口红利保证了我国文化产业在过去相当长的一段时间内始终呈现出快速发展的态势，但是全球经济发展形势的变化也暴露出当前我国文化产业发展的弊端。依托地方不可移动的物质文化资源大兴土木发展文化旅游的文化经济增长方式，忽视了内容创意在文化产业中的核心地位；片面迎合一般大众文化消费趣味的文化生产方式，降低了文化产品的审美格调；建立在文化产业园区或基地以及大工业化文化生产模式基础之上的粗放式规模经济，难以实现文化产业社会效益与经济效益的协调发展。因此，若想破解上述难题，必须准确把握与切实践行创意化、融合化、数字化、集群化以及国际化的文化产业转型升级趋势，这不仅是我国文化产业发展的主要方向，更是制定国家文化发展战略的重要依据。

2.4.1　创意化

在知识经济时代，知识与创意不仅是文化产业运行的关键资源和核心资产，而且也是文化产业未来发展和转型升级的重要趋势。科学技术的进步直接影响了传统产业生产力水平的提升和生产效率的提高，因此，科技创新在第一、第二产业的转型升级中发挥着举足轻重的作用。但是，与第一、第二产业相比，文化产业的转型升级更加依赖于创意水平的提升。创意水平的优劣直接影响了文化产品和服务价值的高低，决定了文化产业市场竞争力的强弱。所以说，创意是文化产业转型升级的核心与主流趋势，创意的多寡直接影响文化产业发展速度的快慢，创意水平的高低决定了文化产业发展质量的优劣。在此背景下，为了适应我国文化产业发展的新形势，"文化创意和设计服务"首次被列入我国《文化及相关产业分类（2012）》中，在《文化及相关产业分类（2018）》中，又进一步上升为文化产业的核心领域，由此可见，创意在文化产业发展中发挥着重要作用。

世界各国经济都面临着大调整，创意正在成为产业转型升级的重要推动力和主流方向。创意在文化产业转型升级中的突出作用，就是提升文化产品和服务中的文化含量与文化附加值，增强文化产业的渗透力和辐射力。在文化产业的产业链中，创意的渗透性特征使其无处不在，它贯穿于策划生产、市场营销、发行传播等环节，将文化、资本、技术等要素融为一体，延长了文化产业的产业链，拓展了文化产业的发展空间。创意牢牢占据文化产业价值链的顶端，提升了文化产业各个运行环节的附加值，在创造自身价值的同时带动整个产业的发展，这是创意化成为文化产业转型升级重要趋势的基础。创意直接影响了文化产业结构的变革，它促使文化产业不断裂变出新的产业形态，推动文化产业结构的调整和优化，从而大大提升文化产业转型升级的效率。

丰富而多样的文化资源、独特而完整的文化生态是我国文化产业发展的先天优势，但是富有创意的文化产品和服务的匮乏导致我国文化产业暴露出大而不强、市场竞争力较弱的问题。因此，创意化就成为我国文化产业转型升级的重要趋势，通过提高创意策划、生产经营以及行销传播的创意化水平，持续向消费者提供新颖独特、符合其文化需求的文化产品和服务，以实现文化产业规模的扩大和市场竞争力的提升。当然，正如雷蒙·威廉斯所言："工业主义强加给我们的生活模式绝不是放之四海而皆准或者永恒不变的……在我们自己的文化中切实可行的选择和变化，对我们才有意义；这个原则得到了适当强调后，它会迫使我们回头审视我们自己的综合体，而非从其他地方或其他时代找寻答案"①，与科技创新所采取的"破旧立新"的原则不同，文化产业的创意更注重"据旧开新"的原则。也就是说，包容、续接传统文化是创意化的基础，借助新工艺、新材料、新技术赋予传统文化新的审美和价值内涵，整个文化产业体系将会发生重大的转型和突破，进而开辟文化产业发展的新空间。

2.4.2 融合化

经济的全球化发展和科学技术的进步，无限放大了文化产业强渗透性的产业特性，产业融合的趋势逐渐取代了产业边界清晰、行业分立明显的传统产业各自为战的局面。产业融合不仅是提高文化产业生产效率和市场竞争力的重要方式，而且伴随新型业态的培育，逐渐成为文化产业转型升级的重要趋势。随着信息技

---

① 雷蒙·威廉斯. 文化与社会 1780—1950［M］. 高晓玲，译. 长春：吉林出版集团有限责任公司，2011：315.

术的发展，不断将新的产业形态注入传统的产业结构中，同时也促使产业之间的联系更加多元、更加密切。文化产业就是在这样的背景下由兴起并走向繁荣发展的，科学技术的进步和政府文化管理体制的改革，降低了产业之间互相渗透的技术壁垒和行政约束，奠定了产业融合的基础。同时，由于文化产业低污染、低消耗和高附加值的特性，传统产业为改变落后的产业发展方式，开始借鉴文化产业的成功经验并且尝试与其融合发展，从而实现产业的转型升级。在此背景下，文化经济化和经济文化化的趋势日益明显，文化产业与加工制造、信息技术、旅游休闲、会展商贸、建筑装饰、工业设计等产业形态之间呈现出双向交叉的融合态势。

"产业间的渗透发展，你中有我，我中有你，产业界限趋于模糊，新兴产业不断产生"[①]的融合化趋势是文化产业转型升级的主要方向之一。文化产业融合化的趋势，主要表现为"产业内融合"和"产业外融合"两种形态。由于文化产业门类众多、形态多样，因此产业内融合又可以分为跨文化产业行业部门融合和跨文化产业生产要素融合两种形式。对于跨文化产业行业部门融合而言，可以通过文化产业内部不同行业部门的优化重组来延伸产业价值链，进而推动文化产业转型升级。以动漫产业为例，它借助 IP 形象的打造实现图书出版、影视创作、演艺娱乐、休闲旅游、电子游戏、衍生品开发等不同行业的融合，全产业链的商业模式提升了市场竞争力和产业发展潜力。对于跨文化产业生产要素融合而言，科学技术的进步使得文化产业生产要素的多样化重组更为便捷和可能，"文化+"其他生产要素的融合模式促进了文化产业供应链、价值链、品牌链的打造，推动了文化产业转型升级。就产业外融合而言，既表现为文化产业向其他产业形态的渗透，又呈现为其他产业形态向文化产业的延伸，前者主要是文化内容和创意设计服务在传统产业门类中的应用，如生态农业、工业旅游等；后者主要是传统产业的借力改造，如信息产业向传统新闻出版、音像制品的融合渗透等。

融合化是文化产业发展的现实选择，也是文化产业转型升级的必然趋势。当前，我国固化的文化产业分类体系、简单化的文化产业与文化事业划分标准、僵硬化的文化产业管理体制，都是制约文化产业进一步融合发展的因素。近年来，这些问题引起了相关决策层的关注，陆续出台了一系列政策措施来扫除文化产业

---

① 厉无畏. 产业融合与产业创新［J］. 上海管理科学，2002（4）：4-6.

融合发展的障碍，如有关"文化+""文化创意+""文化产业+"的政策、规划和指导意见的颁布和实施，起到了推动融合化发展的作用。2014年2月，国务院印发了《关于推进文化创意和设计服务与相关产业融合发展的若干意见》，明确提出"强化文化创意和设计服务的先导产业作用，建立与相关产业全方位、深层次、宽领域的融合发展格局，推动文化产业与装备制造业、消费品工业、建筑业、信息业、旅游业、农业和体育产业等重点领域融合发展"。由此可见，融合化是文化产业转型升级的趋势，更是推动文化产业成为国民经济支柱性产业和促进经济持续健康发展的重要选择。

2.4.3 数字化

纵观世界文化产业的发展历程可以发现，文化产业发展史又是一部科技发展史。历史上每一次的科学技术革命都深刻地影响着文化产业发展，其中，"前两次革命以物质生产效率的提高为目的，而第三次科技革命以非物质生产效率的提高为目的，其核心是科技创新与文化创意的高度融合"[①]。可以说，数字化不仅是以文化生产工具或文化内容载体革新的方式为文化产业的发展提供强大的动力支撑，而且正在成为文化产业转型升级的重要趋势。以互联网、云计算、大数据、区块链、人工智能等为代表的数字信息技术的发展已经渗透到文化产业各领域并且融入到文化产业转型升级的具体环节中。数字化技术通过改变文化产业资源的配置方式催生新的文化产业生产方式，借助文化产业生产组织方式的改变催生新的文化产业业态，凭借文化产业价值创造方式的改变催生新的文化产业商业模式，它正在成为文化产业转型升级的新潮流和新风向。

数字化技术已经全面渗透并且改造了我们的生存状态和生活方式，科技的创新能力与思想观念的结合，被赋予了改造传统文化产业形态和拉动文化产业转型升级的能力。数字化技术的开放性和平台性特征是提升文化产业生产力水平的基础，传统文化产业业态依靠"阶梯技术"逻辑呈现出明显的行业分立局面，数字技术在原本分立的传统文化行业之间搭建了技术共享平台，打破了图书出版、新闻传媒、广播影视、动漫游戏等文化行业之间的壁垒，通过重建传统文化行业的数字技术逻辑实现传统文化产业业态在创意策划、生产经营、传播消费、组织运营方面的变革。由于传统文化产业业态是建立在高门槛的"类型技术"基础

---

① 向勇. 创意融合：中国文化产业的发展趋势与新常态［J］. 艺术评论，2015（5）：33-38.

之上的"小文化行业",所以我国构建了便于行业管理的科层体系式的文化产业管理体制。在数字化技术的推动下,文化产业生产消费的格局被重新构建,文化的生产者和消费者共同存在于数字化技术构筑的"大视听产业"体系中,迫使文化产业管理体制呈现出网络化、扁平化的趋势。所以说,数字化技术打破了传统文化行业的技术壁垒和文化产业管理体制的弊端,它以其特有的技术逻辑重构了文化产业的生态体系,在文化产业转型升级中起着不可替代的作用。

数字化技术为文化产业生产要素的优化配置和创意生产提供了必要的技术支撑,催生了新的文化产业新业态并拓展了文化产业的发展空间,引领着文化产业转型升级的方向。文化产品的精神生产属性,使其更适宜与数字化技术相结合,数字化技术为文化产品和服务的生产、传播与消费创造了全新的服务模式,文化协同创新、文化投融资、文化信息集成与发布、文化交易与评价等支撑平台的建立,开拓了一系列全新的文化产业领域。数字化技术的进步与文化产业的发展是互为影响的关系,文化产业的发展带来了文本信息、影音图像、超文本链接、网站浏览等数字化信息的爆炸式增长,这些看似"无用"的数字化信息被超级计算机和新开发的程序创造出了难以估量的价值。由于文化内容的生产和再生产是文化产业典型的生产特征,因此不断被创新生产的文化内容和消费者数据共同构成了文化产业领域的数字化信息,这些信息内容成为继文化、创意、知识、品牌等资源之后文化企业的又一重要文化资产。通过对数字化信息的分析处理,文化企业可以准确洞察受众的文化需求,通过科学的预测和精准的营销,提高文化产业投资的回报率并降低投资的风险。此外,数字化技术也带来了文化产业内容的虚拟化生产,通过现实世界向虚拟空间的延伸,扩大了人类的视听和文化娱乐空间。VR、AR 等数字化虚拟技术被广泛运用于文化产业各领域,极大地提升了虚拟空间的娱乐快感。由日本的 CRYPTON FUTURE MEDIA 音乐制作公司创造的虚拟歌手初音未来(初音ミク/Hatsune Miku)举办的大型演唱会轰动全球,在2013 年"魔天伦"世界巡回演唱会台北小巨蛋站中,周杰伦与虚拟"邓丽君"的隔空对唱燃爆全场,这些都得益于数字化虚拟技术在文化娱乐业中的应用。由此可见,数字化正在悄然改变我们所熟悉的文化产业生态,并且已经成为文化产业转型升级的重要趋势和方向。

2.4.4 集群化

阿尔弗雷德·马歇尔在研究某些小型专业化公司的集聚现象时提出了"工业

区"的概念，这被看作是产业集群理论的开端。集群是介于宏观市场与微观企业之间的一种中观形态，它可以产生规模化的竞争优势和知识溢出效应，通过产业空间组织形式的创新和优化来提高产业整体的生产效率。因此，集群化可以看作是一种高效的文化产业空间组织形式，是我国文化产业转型升级的一种重要趋势。与农业、工业等传统产业集群相比，文化产业集群有着区别于它们的特点。例如，服务性和生产性的功能结构、多样性和丰富性的内容表现、分散性和特殊性的空间分布，使许多产业关联借助集群化得以实现。建设文化产业园区（基地）和组建大型综合性文化产业集团，是文化产业集群化发展的主流方向。

当前，我国的文化产业园区多是以市场自发或政府主导的方式形成的文化企业集聚地，这些园区通常具有一定的物理空间、一定数量的文化相关企业、完善的服务设施、品牌性的文化企业或文化产品、带动性的文化产品或服务等内容①。这些最早的文化产业园区通常由园区运营者提供办公场所和基本的园区物业服务，服务类型单一、粗放的房东型管理运行方式降低了园区运营的效率。因此，由能够提供创意策划、文化投融资与财务咨询、人力资源、品牌推广、法律和政策咨询等全面服务内容的专业公司负责运营的服务型管理文化产业园区，逐渐成为文化产业集聚的新趋势。当然，随着互联网和数字信息等高新技术的不断创新和发展，园区式的文化产业集聚方式的外部发展环境发生了很大变化，文化产业园区也呈现出新的发展态势。数字化、网络化和信息化打破了实体文化产业集聚区的边界，虚拟文化市场和交易平台的建立和完善，逐步形成了实体文化产业集聚区与虚拟文化产业集聚区共存的格局，网络服务型的文化产业园区正在成为文化产业集群的新方式。这种集群方式通过互联网"运输"的方式降低了文化企业的运营成本，不同的文化企业为获取更有利的行业资源而选择不同的办公区域，文化企业流动性的提高可以增强企业的"轻资化"运营。同时，文化企业流动性的提高也降低了文化产业园区内部企业间的黏性程度，促使各种各样的文化产业园区之间相互联系并且处于相互交叉的文化产业分工网络之中。此外，文化产业项目的不确定性和投资的风险性，使得文化企业在选择具体的项目进行运作时陷入了难题，因此集聚各类文化产业项目的众创空间就成为文化产业集群发展的新趋势。

与经济全球化趋势相适应，打破区域、行业、部门的限制，组建大型综合性

---

① 祁述裕. 把握文化产业集聚发展的特点与趋势［N］. 光明日报，2018-12-03（007）.

的文化产业集团也是文化产业集群化发展的显著特征。随着文化体制改革的深入，我国已经形成了以混合所有制企业和民营企业为主体的文化企业集群，经济发展形势的变化和科学技术的进步使得这些企业迅速步入了转型发展的关键期。一方面，部分由文化事业单位转制而来的传统文化企业利用政策优势和资源优势，进一步扩大转企改制的成果以提升市场竞争力；另一方面，以互联网巨头为代表的巨无霸型文化传媒企业，依托综合化大平台的规模化运作，正在逐步做大做强。同时，随着政府对民营文化企业扶持力度的加大，一大批小微型文化企业不断涌现。当前，这种"逐鹿中原"的文化产业集群发展态势，难以培育出龙头文化企业，形成集群的整体竞争力，迫切需要加快转型升级。因此，借助新的IPO政策和日益开放的资本市场，通过跨行业重组和并购，以上市融资的形式实现规模的迅速扩张，是形成文化企业跨越式发展的有效路径。在并购和上市的过程中，大型综合性的文化产业集团可以集合各方面的资源优势，借助在创意研发、生产销售和服务上的优势，逐渐成长为文化内容的集成商和龙头文化企业。在此基础上，将头部文化企业的产品标准延伸到产业链的上下游企业，以股份制、合作制、业务外包等形式推动文化企业间的合作，以实现文化产业集群由无序聚集向有机合作的转变，最终打破文化企业集群内部"诸侯混战"的局面，形成创新能力突出、带动能力明显、辐射能力强、集约化程度高的优势文化企业集群。

2.4.5　国际化

外向性和传播性是文化产业与生俱来的属性，文化产品和服务只有参与国际市场的竞争并且获得全球消费者的认可，才能提高文化的渗透力和传播力并且实现文化作为软实力的价值。因此，国际化就成为文化产业寻求突破性发展所必需秉承的价值理念，也是文化产业转型升级的重要趋势之一。文化产业具有"超时空"的属性，使其处于一个多元复杂的社会关系网络之中，这是文化产业国际化发展体现出的特定场域系统①。在文化产业的国际化发展中，各种文化生产要素围绕面向全球的文化产品和服务供给生成了文化场域。为了取得文化场域的竞争优势，既需要树立国际化的战略思维，也需要开展全球性的产业合作。

---

① "场域"（field）这个概念是由法国著名社会学家皮埃尔·布尔迪厄（Pierre Bourdieu）提出的，由文化构成了"文化场域"。

准确把握文化产业转型升级的国际化趋势，能够站在全球的高度提升文化产业的创新能力和全球竞争力，进而树立国际化的文化产业发展视野。在经济全球化时代，国际化的文化资源配置已初具规模，国际化的市场竞争体系也已建立，国际化的资本运作已经成熟，这表明国际化已经成为文化产业转型升级不容忽视的视角和方向。全球化的发展和科学技术的进步推动了文化生产在国际范围内的分工协作，使得高效利用全球文化资源成为可能。纵观发达国家文化产业的发展历史可以发现，综合利用世界各民族的文化资源为全球消费者提供适销对路的文化产品和服务，已经成为建立强有力的文化产业营销体系的基础。因此，一个国家的文化生产和经营不能仅仅局限于本国的范围，而是要以国际化的视角放眼世界市场。同时，文化产业生产要素的全球性流动，加速了国际文化市场的形成和拓展。与传统产业消耗性的消费方式不同，文化产业的消费往往具有共时性、重复性的特点，而且消费主体越广泛，文化内容的影响力也就越大，文化产品的经济收益也就越高。因此，面对复杂多变的国际文化市场，积极开展国际文化贸易可以打破国内文化市场的局限性，在参与国际市场竞争中推动文化产业迈向更高发展的目标。

文化产业转型升级的国际化趋势，可以借鉴和采纳新的全球合作模式，提高产业合作与竞争的层次和标准，扩大产业合作与竞争的范围和领域，进而提升文化产业的创新发展能力与核心竞争力。知识经济的属性决定了文化产业与各种软硬件技术之间的密切联系，国际化的发展趋势可以推动我国文化产业相关技术、管理制度与国际标准相一致，这样可以有效整合全球文化资源，更好地融入全球文化产业分工体系并提升国际竞争力。当前，跨国文化产业集团在全球文化产业中占据主导地位，因此通过文化产业国际化转型升级，可以加强国内文化企业与世界一流文化企业的跨国合作，将引资、引智、引技三者结合起来，提升文化产业"走出去"的水平。同时，文化产业的国际化又促使国内文化企业提升其创意能力、设计工艺、质量标准和运营管理水平，借助全球性生产和营销网络来提升我国文化产业的市场竞争力和文化影响力。

2.5 本章小结

　　本章系统地梳理了文化产业转型升级的相关概念和理论基础。产业转型升级的概念是在产业转型和产业升级这两个概念既有研究成果基础上的完善和延伸，产业转型是在战略层面实现的目标跃升，注重的是发展方式的变革；产业升级则是在策略层面通过技术的更新进步带来产业体系的发展变化。因此，产业转型升级意味着产业经济各要素的利用效率和协作程度的提高，促进产业体系的良性发展和经济发展方式的变革。从根本上讲，文化产业的转型升级是文化产业发展由"量变"到"质变"的过程，它不仅是发展方式的转换，而且是产业结构调整和优化的最终实现，它以互联网和数字技术为基础，通过创新和创意能力的发挥及产业间的深度融合，推动文化产业结构的优化，实现文化产业发展方式由资源型、粗放化向创意型、集约化的转变，从而提高文化产业的规模化和专业化水平。

　　对于文化产业转型升级的研究，必须以科学的理论作为研究的基础，本章从产业组织理论、产业结构理论、产业布局理论、产业政策理论以及产业创新理论五个方面对文化产业转型升级的理论基础进行了梳理，以便能更准确地把握文化产业转型升级的内在逻辑，为后续研究提供理论支撑。在文化产业转型升级的过程中，外源性动力、内生性动力和导向性动力三种动力形态构成了宏观动力系统，资源禀赋、市场需求、产业创新、文化贸易等构成了微观动力系统，这些因素之间的相互联系和相互作用，构成了一个有机统一的动力机制。综合分析当前全球文化产业的竞争态势可以发现，创意化、融合化、数字化、规模化及国际化等，不仅已逐渐成为文化产业竞争力的重要组成部分，而且日益成为文化产业发展的主流方向。

3 山东文化产业发展现状与存在的问题

3.1 山东文化产业的发展历程[①]

从经济学的角度看，使用与交换文化产品的行为古已有之，但是，产业化、市场化的文化产业活动与我国传统的主流文化却是相对立的关系[②]。按照联合国教科文组织对文化产业的解释，文化产业包含三个层面的含义——机械化的批量复制、市场经济以及特殊意义的商品。所以说，文化产业作为一个经济学概念，它属于工业革命的产物。改革开放之前，我国的文化产业主要为意识形态服务，无法体现文化产业的经济价值。改革开放深层次地触及到了我国政治体制、经济体制、思想文化以及社会生活等多个领域，山东文化产业从无到有以及由弱变强也体现了这一点。改革开放以来，山东文化产业的发展总体上历经萌芽、初步成长、快速扩张和全面提升四个阶段。

3.1.1 文化产业的萌芽阶段（1978~1991年）

党的十一届三中全会后山东的国民经济开始恢复性发展，经济体制改革释放了文化的活力，文化和思想领域的解放激活了社会公众的文化消费需求，文化事业逐步呈现出欣欣向荣的局面，文化产业在萌芽中开始起步。

---

① 除单独标注外，本节数据主要来源于各年度的《山东统计年鉴》以及各地市的统计年鉴。
② 李向民．中国文化产业史［M］．长沙：湖南文艺出版社，2006：7.

娱乐性的文化活动和文化消费逐渐活跃，带动了文化市场的兴起。伴随国民经济的复苏和人们文化需求的增长，山东文化产业在一些与意识形态联系紧密的文化行业和领域开始萌芽，群众性的文化活动日益丰富多彩，娱乐业从无到有并迅速发展起来，文化市雏形初现。从1979年开始，山东群众性的文化活动日趋活跃，高跷、舞狮、秧歌、旱船、花鼓、花棍等民间艺术项目多姿多彩，各类书会、地方庙会层出不穷，以莫言、梁晓声、乔羽、于希宁、巩俐、朱时茂、李雪健、欧阳中石等为代表的山东籍文化艺术工作者创作出了一批文化艺术精品，大量满足民众公共文化需要的文化设施和文化娱乐活动中心开始建立，满足农民自娱自乐的农村文化大院深受喜爱，专营、兼营和义务服务形式的农村文化专业户满足了广大农民的文化精神需求。根据山东统计局公布的数据显示，截至1991年，山东共建成各类群众文化机构2944个，其中文化（艺术）馆156个，文化站2504个，艺术表演团体120个，剧场（院）121个，图书馆118个，博物馆45个，这些群众文化机构不仅满足了民众的文化需求，而且进一步激发了民众的文化消费欲望，带动了文化产业的兴起。电视机、收音机、录音机等视听设备以及音像制品开始出现并迅速发展壮大。以收音机为例，山东的收音机年产量由1977年的50多万台增长到1981年的210万台，增势迅猛。同时，国外的录像机和录像带开始在市场上出现。广播电视业的发展，拓展了信息传播的渠道，带动了广告业的兴起和发展，使其逐渐发展成为一个独立的文化服务行业。此外，以潍坊国际风筝节、德州新潮音乐会、"青岛之夏"艺术节、菏泽牡丹花会、孔子文化节、荣成国际渔民节等为代表的各类节庆活动丰富多彩，产生了较大的经济效益，1985年潍坊国际风筝节引进的37个外资项目直接创造了4100万美元的外汇收入，出口风筝超过1万只，成交额突破150万元，1987年的菏泽牡丹花会成交额达到5000多万元，山东开始了节庆会展的产业化、市场化运作。

　　文化事业单位开始尝试进行企业化转型，政府逐渐认可文化经营活动并规范和引导其发展。艺术表演团体的体制改革开启了山东文化体制改革的序幕，全省艺术表演团体开始尝试推行承包责任制改革。1984年6月，山东歌舞团、潍坊市京剧团、吕剧团开始了调整布局、精简部门机构和工作人员的体制改革试点工作。根据山东统计局公布的数据显示，山东的艺术表演团体数量由1978年的155个缩减到1991年的120个，调整和精简工作人员6587人，艺术表演团体体制改革收效明显。与此同时，出版业的体制改革也在同步进行，1980年12月《建议有计划有步骤地发展集体所有制和个体所有制的书店、书亭、书摊和书贩的通知》等，拉开了出版业体制改革的序幕。岗位责任制和承包责任制的推行促使出版单位向企业单位转型，山东人民出版局先后改为山东人民出版社和山东出版总社，各地市的出版办公室相应地改为出版分社或办事处。随着山东出版总社将部分人事、财产、业务的管理权下放到下属单位，原山东人民出版社所属的专业编辑室历时 6 年先后改为 7 家专业化的出版社。社会资本开始试水发行领域，山东新华书店推行了"一主、三多、一少"① 的发行体制改革。在广播影视领域，按照党中央提出的"四级办广播、四级办电视、四级混合覆盖"的方针政策，山东的广播电视事业发展迅速，立体声调频广播节目开始试播，山东电视台的新闻节目在频率和总量上获得了极大增长。与此同时，依据 1987 年发布的《关于下放市、地电影发行放映公司财务管理体制的通知》，山东电影业开始了发行领域的体制改革。

伴随各文化领域体制改革的推进，部分文化行业的产业性质获得管理部门的认可，文化市场的发展和地位得到了政府的承认。从 1985 年开始，部分中央直属单位陆续发布了《关于建立第三产业统计的报告》《文化事业单位开展有偿服务和经营活动的暂行办法》《关于改进舞会管理的通知》《关于加强文化市场管理工作的通知》等文件，文化艺术作为第三产业的组成部分被列入国民生产统计的范畴，"文化市场"的概念开始出现在政府文件中并相应设置了文化市场管理局，"以文补文""多业助文"等多种经营模式的推行促使政府开始认可文化领域的经营活动。据此，山东图书馆的书刊、打字复印服务部和山东艺术馆的山东东方艺术服务部开始提供有偿服务，带动了其他文化单位相关经营活动的开展。

3.1.2 文化产业的初步成长阶段（1992~2001 年）

改革开放的深化和中国特色社会主义市场经济体制的建立，为文化产业的发展奠定了基础。1992 年 6 月，中共中央、国务院作出《关于加快发展第三产业的决定》，文化产业被正式列入第三产业重点发展的行列，部分文化部门尝试由财政支出型部门向生产型部门的改革。这一阶段，山东的文化产业由"以文补文""多业助文"的萌芽阶段步入初步成长阶段，文化体制改革逐渐走向深入，

---

① "一主、三多、一少"，即通过努力逐步形成以新华书店为主体，有多种流通渠道、多种经济形式、多种购销形式而减少流通环节的图书发行网。

文化市场逐步发展起来并纳入规范化管理，文化产业规模不断扩大，文化产业向着娱乐型、多样化、体验性的方向发展。

　　一系列关于文化体制改革的政策文件的颁布，加快了山东文化体制改革的步伐，在管理思路上实现了由"办文化"向"管文化"的转变，在管理模式上开始尝试由"直接管理"向"间接管理"过渡，"文化大省"的战略构想开始被提及。艺术表演团体的体制改革取得突破性进展，颁布和施行了《关于进一步加快和深化艺术表演团体体制改革的通知》等一系列政策文件，"分类指导、定级管理"的改革思路得以贯彻和落实，以艺术生产为中心的经营管理体制逐步确立，演出补贴改革和考评聘任制改革稳步推进，以省歌舞剧团为代表的部分艺术表演团体实行了领导干部聘任制，济南、青岛等地开始探索企业与艺术表演团体的联姻，省电力局投资的山东歌舞剧院、淄博丰盛影视娱乐有限公司、青岛澳柯玛歌舞团、海天轻音乐团等多种形式的文企联姻模式激发了艺术表演团体的活力，文艺演出市场逐步建立并走向完善。为适应社会主义市场经济体制的变化，新闻出版领域进行了"事业单位企业化管理"的改革，"集约化经营"成为部分新闻出版单位改革的突破口，山东出版总社、山东图书音像发行总公司、大众报业集团等建立在文化事业单位改革基础上的大型传媒集团开始出现，2001年山东出版集团和大众报业集团分别实现销售收入60.8亿元和5亿元，经济效益均位于全国前列。在广电领域，依照《关于深化新闻出版广播影视业改革的若干意见》的指示精神，山东重点深化了广播影视单位的内部改革，调整了组织框架，与之相关的干部人事管理制度和工资奖金分配制度也进行了改革。在电影发行放映领域，1993年下发的《关于放开全省电影票、租价的通知》推动了电影经营机制的改革，1994年由山东电影业发行放映公司和17个地市的电影发行放映公司联合成立了股份制的齐鲁影业有限公司，促进了全省电影产业的迅猛发展。此外，山东还在文化事业单位内部推行了干部管理体制和分配制度的改革，1994年山东艺术服务中心和山东作家协会进行了相关的试点改革，截至1999年底，12个地级市完成了聘任制的改革，94个文化事业单位完成了分配制度的改革工作①。

　　文化市场体系初步建立，文化市场管理日益规范。文化体制改革的深入和文

---

　　① 涂可国．波澜壮阔的历史篇章——山东改革开放40周年（文化篇）［M］．济南：山东人民出版社，2018：7.

化产业的发展，吸引了众多资本进入文化领域，文化要素市场开始出现。以山东文化音像出版社、山东演出公司、山东齐鲁影业有限公司、山东齐鲁农村电影服务中心、淄博古齐国文化艺术中心、山东银兴集团等为代表的文化企业相继成立。门类众多、内容丰富的文化市场体系初步建立，样式繁多、专业化的综合性文化市场取代了传统的影、视、剧、书、报、刊等简单的市场。为了适应文化市场的迅速发展，1990 年 7 月，山东成立了专门的文化市场管理机构——文化市场管理处，济南、青岛等地市成立了文化市场稽查大队，提高了文化市场管理的效率。

以广播影视业、图书出版业、音像业为代表的较早试行转企改制的文化行业，产业化的经营扩大了文化产业的规模。在广播电视领域呈现出多样化的发展态势，经济、教育、文艺等广播电台相继成立，山东有线电视台能够提供新闻、综艺、影视、体育四套节目，截至 2001 年底，全省共拥有地市级以上广播电台和电视台各 18 座，广播和电视人口覆盖率分别达到 93.52% 和 91%。在图书出版和报纸、期刊领域，经过体制改革形成了门类丰富、分工合理、质量较高、效益较好的出版格局和报纸、期刊发行体系。根据山东统计局公布的数据显示，2001 年底，全省出版图书 4553 种，总印数达到 40298 万册；发行报纸 152 种，总印数达到 209453 万份；发行期刊 275 种，总印数达到 5010 万份，无论在数量和质量上都获得了提升。此外，以潍坊国际风筝节、曲阜孔子文化节、青岛国际海洋文化节和国际啤酒节为代表的地方节庆活动，将文化与经济贸易活动紧密结合在一起，形式多样、特色鲜明、效益较好、影响广泛的节庆产业体系逐步形成。

3.1.3　文化产业的快速扩张阶段（2002~2011 年）

2002 年，党的十六大提出了与社会主义市场经济体制相适应以及与和谐社会建设要求相统一的新的文化发展观，明确了"公益性文化事业"与"经营性文化产业"的区别。此后，在一系列关于文化体制改革和文化产业发展的政策文件的推动下，山东的文化体制改革开始加快，文化产业朝着优质高效的方向发展。

此阶段，全省的文化体制改革由试点探索过渡到全面展开，改革的重点涉及经营性文化单位转企改制、新闻媒体改革、文化管理体制改革以及文化市场执法机构的建立等层面。按照《完善社会主义市场经济体制若干问题的决定》的文件精神，山东先后成立了文化体制改革领导小组，确立了文化体制改革试点工作思路，颁布和实施了《山东省 2005—2015 年文化市场发展纲要》《山东省深化文化体制改革工作方案》等政策文件，明确了文化体制改革的重点任务和总体目标，确定了省直文化体制改革试点单位及文化体制改革综合试点地市，掀起了全省文化体制改革的浪潮。在文化体制改革试点的过程中，大众报业集团进一步完善法人治理结构，逐步建立现代企业制度，稳步推进人事分配制度改革；山东出版集团建立了党委领导和法人治理结构相结合的领导体制，逐步推进集团所属的出版社、期刊社、印刷厂、新华书店、物资公司的改制工作，集出版、印刷、发行等环节为一体的出版产业链初步形成；山东广电总台改革分配机制，推行制播体制改革，探索授权经营模式；17 个省直文化艺术单位实行聘任制，进一步改革分配制度，省直 6 大艺术院团与省直 6 大企业联合取得重大突破。2008 年 1 月，山东省委省政府召开全省文化建设工作会议，陆续出台了《关于推动文化大发展大繁荣的意见》《关于深化文化体制改革、加快文化产业发展的若干政策》等政策文件，明确提出建设"文化强省"的战略目标，强调为文化体制改革和文化企业发展提供多方面的政策支持。同年底，在图书出版、图书发行、影视制作、新闻传媒领域成立了 4 家省直文化企业，开启了山东建设大型文化企业集团的新篇章。

随着国家《文化产业振兴规划》的颁布，山东的文化体制改革进入深入推进阶段，取得了丰硕成果。截至 2009 年底，全省累计有 160 多家经营性文化单位完成转企改制工作，需转企改制的 23 家出版单位完成了 21 家，11 家省属、市属党报党刊发行体制改革试点单位中的 10 家完成改革任务，全省 73 家电影公司和 64 家电影院完成了转企改制工作[①]。为了加快全省文化体制改革的步伐，2010 年山东先后召开了文化体制改革和文化产业振兴大会以及文化体制改革工作会议，颁布了《关于促进文化产业振兴的意见》等推动文化体制改革和文化产业振兴的政策文件。截至 2010 年底，全省 17 个地市全部组建了新的文广新局，140 个县区完成文化市场综合执法改革，373 家经营性文化单位完成转企改制，其中，图书出版发行、影视制作领域的改革全面完成，90 家非时政类报纸、期刊社中的 45 家完成改制工作，118 家国有文艺演出院团中的 116 家完成转企改

① 涂可国. 波澜壮阔的历史篇章——山东改革开放 40 周年（文化篇）［M］. 济南：山东人民出版社，2018：168-169.

制①，成立了山东广电网络有限公司以及17地市的分公司②。

现代文化市场体系进一步确立，推动文化产业向优质高效转变。这一阶段，文化产业规模不断扩大，山东的文化市场体系进一步完善，报刊业、出版业、广播影视业等重点文化产业门类的综合实力位居全国前列，以青岛、济南、济宁为中心的文化产业集聚区带动了区域文化产业的快速崛起，各类节庆会展大量涌现，民营文化企业与新兴文化业态开始崭露头角。从2004年到2012年，山东的文化产业法人单位由1.72万个增长到4.57万个，营业收入由1628.6亿元增长到8078亿元，资产总计由1268.3亿元增长到9411.5亿元（见图3-1、图3-2）。2012年，山东城镇、农村居民家庭人均文化消费支出分别达到963.9元和501元，文化市场已成为民众文化消费的主要渠道③。在举办各类文化节庆会展活动的同时，以聊城市巾帼文化艺术节、菏泽市戏曲节、济南市齐鲁动漫艺术展、青岛市民营企业文化周、山东文化产业博览会等为代表的一批专业性强、特色突出的文化节庆会展取得了较好的社会影响力和经济效益。同时，民营资本开始涉足文化产业领域，山东爱书人音像图书有限公司、淄博市艺术博物馆、青岛相约时空演艺有限公司等民营文化企业相继成立，收入不断增加，实力不断壮大。民营发行企业占比过半，其中，有8家企业年收入超亿元，2005年，爱书人集团，已成为拥有1430家连锁店、4000余名员工、年销售收入2亿元的大型民营文化公司④。此外，以互联网为核心的数字文化产业开始崛起，根据山东统计局公布的数据显示，截至2008年，全省注册网站10万余家，网民数量突破1200万人，位居全国第二。

3.1.4 文化产业的全面提升阶段（2012年至今）

按照党的十七届六中全会审议通过的《中共中央关于深化文化体制改革、推动社会主义文化大发展大繁荣若干重大问题的决定》的指示精神，山东围绕"国民经济支柱性产业"的目标，推动文化体制改革向纵深拓展，将文化产业上升到国民经济中先导性、战略性的高度，文化产业呈现出稳中有进的发展态势。

---

① 中央批准山东京剧院和青岛交响乐团仍然保留事业体制。
② 涂可国.波澜壮阔的历史篇章——山东改革开放40周年（文化篇）[M].济南：山东人民出版社，2018：170-171.
③ 贾楠.2013中国文化及相关产业统计年鉴[M].北京：中国统计出版社，2013：38-39+49.
④ 张华.山东改革开放三十年[M].济南：山东人民出版社，2008：481.

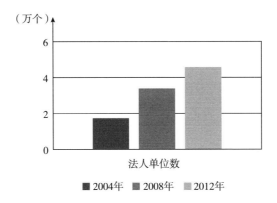

图 3-1 山东文化产业法人单位数变化情况

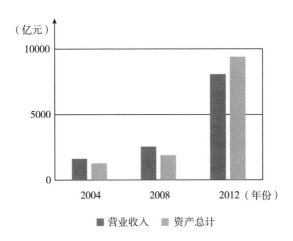

图 3-2 山东文化产业法人单位经济指标情况

文化体制改革不断深化，宏观文化管理体制趋于完善。2012 年，《山东省"十二五"时期文化改革发展规划》（以下简称《规划》）发布，明确提出"在转企改制的文化企业内部建立现代企业制度并进行股份制改造"。按照《规划》要求，以青岛新报传媒有限公司①为代表的一批按照现代企业制度建立的股份制企业相继成立，新闻出版业的市场运营能力进一步提升。在广播影视领域，进一

① 青岛新报传媒有限公司成立于 2013 年 3 月，由大众报业集团半岛传媒股份有限公司和青岛报业传媒集团有限公司联合出资成立，双方各占 50% 股份，公司业务主要涉及《青岛早报》《青岛晚报》的管理与运营。

步理顺广播影视管理体制，推动山东广电网络有限公司和山东影视传媒集团内部现代企业制度的建立工作，继续推进山东电影制片厂和洗印厂的转企改制。2014年起，为完善山东的宏观文化管理体制，《山东省深化文化体制改革工作方案》《山东省深化新闻出版广播影视体制改革实施方案》《山东省互联网传媒集团股份有限公司组建方案》等文件陆续发布，进一步明确山东文化体制改革的目标、方向、基本路线、重点任务及时间节点。在此过程中，山东新闻出版广电局和山东文化和旅游厅相继挂牌成立，以齐鲁传媒集团、山东演艺集团、山东出版传媒集团为代表的新组建或改制重组的文化企业的法人治理结构得到完善，将文化事业单位划分为三种类型进行分类改革，组建山东国有文化资产管理理事会以加强对全省国有文化资产的管理，支持和推动符合条件的大型文化企业积极上市。2017年7月，《山东省文化厅"十三五"时期文化改革发展规划》公布，进一步提出"按照政企分开、政事分开的原则完善文化管理体制，逐步向公共文化服务单位推广事业单位法人治理结构建设，培育和规范文化类社会组织，建立健全具有文化特色的现代企业制度"。2018年，山东省政府印发了《山东省新旧动能转换重大工程实施规划》，明确将文化创意产业列为未来重点布局的十大产业之一，文化产业新旧动能转换对文化管理体制提出了更高的要求，山东的文化体制改革在拓展中继续深耕。

文化产业呈现出稳中有进的发展态势，产业规模持续扩大，产业结构调整步伐加快。改革开放以来，山东文化产业的规模持续增长，全省文化产业增加值由2012年的1520亿元增长到2017年的3018亿元，比2012年增长98.6%，年均增长16.4%，高于全国年均增速1个百分点，文化产业增加值占GDP的比重由2012年的约3.00%提高到2017年的4.16%，年均提高0.19个百分点，略高于全国同期年均增长幅度（见图3-3）。文化产业结构调整步伐加快，根据山东统计局公布的数据显示，2016年文化制造业、文化批发和零售业以及文化服务业增加值占比分别为53.1%、9.8%和37.1%，与2012年的67%、9.8%和23.2%相比，文化服务业增加值占比提高13.9个百分点，文化服务业增加值增速高于文化制造业以及文化批发和零售业（见图3-4）。文化企业效益不断提高，推动了文化产业朝着规模化、集约化、专业化方向发展。

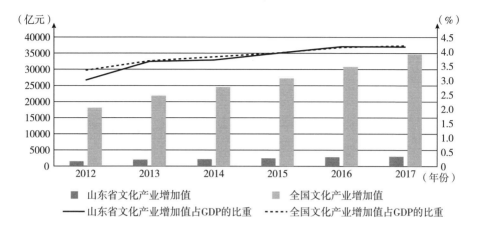

图 3-3 山东和全国文化产业增加值及占 GDP 比重情况

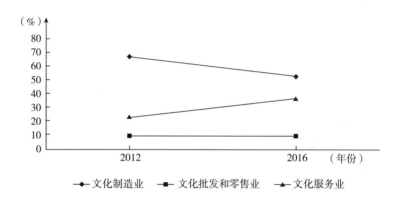

图 3-4 2012 年、2016 年山东文化产业结构

初步建立了行业门类齐全的文化产业体系，文化产业传统业态不断发展，文化产业新兴业态持续涌现，文化产业园区（基地）建设加快，文化产业品牌效应逐渐显现。2018 年，山东出版销售总额达到 196.07 亿元，占全国总量的 6.2%；有线广播电视实际用户数达到 1684 万户，占总户数的比重为 53%，实现收入 131.89 亿元①；旅游业高质量发展态势明显，全年旅游消费总额 1 万亿元，接待国内外游客 8.6 亿人次，入境旅游外汇收入达到 33.64 亿美元。在文化产业

---

① 万东华，李建臣 . 2019 中国文化及相关产业统计年鉴［M］. 北京：中国统计出版社，2019：107-127.

新型业态方面，根据山东统计局公布的数据显示，2016 年，以"互联网+"为主要形式的规模以上①文化信息传输服务单位数 89 家，比 2012 年增长 345.0%，实现营业收入 46.7 亿元，比 2012 年增长 682.7%；文化创意和设计服务业分别实现营业收入和营业利润 325.6 亿元和 60.6 亿元，占全部规模以上文化企业的比重分别达到 3.4% 和 10.8%，新兴业态发展势头强劲，成为促进文化产业快速增长的新引擎。在文化产业园区（基地）建设方面，截至 2018 年底，山东共有 1 家国家级文化产业示范园区——曲阜新区文化产业园，1 家国家级文化产业试验园区——台儿庄古城文化产业园，15 家省级文化产业示范基地，12 家省级文化产业示范园区，5 家省级文化产业示范园区创建单位，132 家省级文化产业示范基地，这些园区和基地的产业集聚和辐射带动作用日益突出，推动了文化产业的规模化发展②。文化企业上市工作稳步推进，截至 2018 年底，城市传媒、山东出版和世纪天鸿 3 家文化企业已完成上市，另有部分省属文化国有企业进入上市审批程序。在文化产业品牌建设方面，《齐鲁晚报》《半岛都市报》《闯关东》《沂蒙》《青岛往事》等品牌家喻户晓，曲阜孔子国际文化节、青岛国际啤酒节、潍坊国际风筝节、山东文化产业博览会等文化节会品牌享誉海内外，《中华泰山·封禅大典》《孔子》等大型实景演出不断涌现，《圆明园》《晶莹小子》等动漫作品开始崭露头角，这些文化产业品牌的建设有力地提升了山东文化产业发展的质量和高度。

3.2 山东文化产业的基本现状③

改革开放以来，山东文化产业在体制改革和政策红利的双重驱动下，取得了

---

① 规模以上企业是一个统计术语。一般以年产量作为企业规模的标准，国家对不同行业的企业都制订了一个规模要求，达到规模要求的企业就称为规模以上企业。规模以上文化及相关产业的统计范围为：年主营业务收入在 2000 万元及以上的工业企业、批发企业或年主营业务收入在 2000 万元及以上的工业企业，从业人数在 50 人及以上或文化和娱乐服务业年营业收入在 500 万元及以上。

② 山东文化和旅游厅产业发展处. 关于开展国家级文化产业示范（试验）园区、基地、省级文化产业示范园区（创建单位）、基地摸底调查的通知［EB/OL］. http：//whhly. shandong. gov. cn/art/2019/8/13/art_100579_7258000. html，2019-08-13/2020-04-28.

③ 除单独标注外，本节数据主要来源于各年度的《中国文化及相关产业统计年鉴》《山东统计年鉴》。

一系列成就。当前，山东文化产业处于高速发展时期，为了从多层次、多要素、立体化的角度分析文化产业的基本状况，本书主要从行业、区域、市场等层面把握山东文化产业的发展现状。

3.2.1　文化产业的行业状况

在我国，尽管国家统计局先后公布了 2004 年、2012 年、2018 年三个版本的《文化及相关产业分类》，不断细化和扩大文化产业的行业统计范围。但是，在国家统计局历年发布的《中国文化及相关产业统计年鉴》中，一直沿用文化制造业、文化批发和零售业、文化服务业三个行业门类的经济指标。据此，本书将文化产业划分为文化制造业、文化批发和零售业、文化服务业三个行业门类，以作为分析山东文化产业行业状况的统计基础。

根据历年《中国文化及相关产业统计年鉴》统计的数据，如图 3-5 所示，2012～2018 年，山东规模以上文化服务业的企业数量、从业人员由 563 个、6.2 万人增长到 2018 年的 1562 个、14.36 万人，资产总额、营业收入和利润总额分别由 572.3 亿元、210.8 亿元和 36.2 亿元增长到 3142.7 亿元、1098.7 亿元和 74.56 亿元，企业数量与资产总额增速明显，但利润总额总体增长缓慢。如图 3-6 所示，2012～2018 年，规模以上文化制造业的企业数量由 1589 个增长到 2046 个，营业收入由 2857.7 亿元增长到 4916.5 亿元，但是，营业收入与利润总额分别由 4293.2 亿元、253.9 亿元下降到 4158.7 亿元、184.5 亿元，企业数量

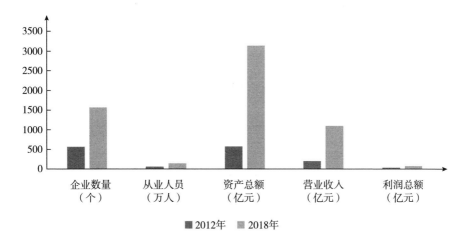

图 3-5　2012 年和 2018 年山东规模以上文化服务业经济指标

山东文化产业转型升级研究

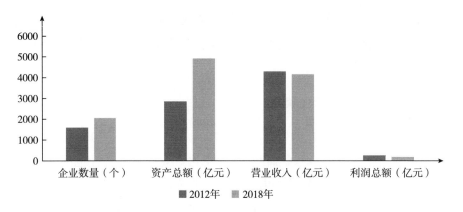

图 3-6　2012 年和 2018 年山东规模以上文化制造业经济指标

与资产总额均有一定程度的增长，但营业收入和利润总额却呈现出负增长的趋势。如图 3-7 所示，2012~2018 年，规模以上文化批发和零售业的企业数量、从业人员由 459 个、3.5 万人增长到 2018 年的 809 个、4.8 万人，资产总额、营业收入和利润总额分别由 497.8 亿元、1706.2 亿元和 18.9 亿元增长到 1109.5 亿元、1550.7 亿元和 32 亿元，与文化服务业和文化制造业相比，文化批发和零售业的各项经济指标增长均较慢。

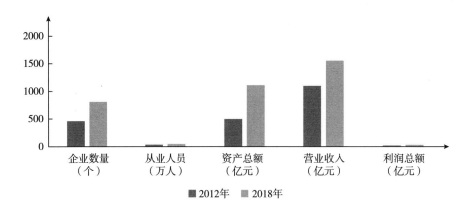

图 3-7　2012 年和 2018 年山东规模以上文化批发和零售业经济指标

同时，根据《2019 中国文化及相关产业统计年鉴》统计的数据，如图 3-8 所示，截至 2018 年底，文化服务业、文化制造业、文化批发和零售业的企业数量占全部文化企业的比重分别为 35.4%、46.3%、18.3%，文化制造企业所占比重仍然较高；文化服务业、文化制造业、文化批发和零售业的从业人员数量占全部文化从业人员的比重分别为 24.7%、67.0%、8.3%，文化制造业仍然是文化从业人员就业的主要领域，文化服务业吸纳就业的优势没有显现出来；文化服务业、文化制造业、文化批发和零售业的资产总额占全部文化企业资产总额的比重分别为 34.3%、53.6%、12.1%，受生产运营条件的影响，文化制造业的资产总额所占比重较高；文化服务业、文化制造业、文化批发和零售业的营业收入占全部文化企业营业收入的比重分别为 16.1%、61.1%、22.8%，文化服务业的营业收入所占比重较低，与占比近 40% 的企业数量严重不符；文化服务业、文化制造业、文化批发和零售业的利润总额占全部文化企业利润总额的比重分别为 25.6%、63.4%、11.0%，文化制造业的利润总额所占比重较高。总体而言，文化服务业、文化制造业、文化批发和零售业的劳动生产率分别为 76.5 万元/人、106.6 万元/人、323.1 万元/人，文化产品的规模化复制、批发和销售是文化批发和零售业的主营业务，依托于机械设备、物流网络和网络通信等方面的便利，文化批发和零售业的劳动生产率最高，文化服务业的劳动生产率最低，亟须提高从而人员的综合素质。此外，文化服务业、文化制造业、文化批发和零售业的资产收益率分别为 0.02、0.04、0.03，表明文化产业三大行业门类的收益能力不强，总体运营效益有待提高。

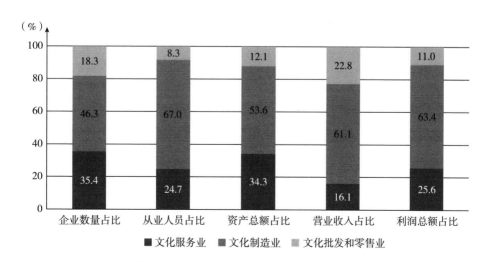

图 3-8   2018 年山东文化产业行业经济指标

3.2.2　文化产业的区域状况

为了深化文化强省的建设，促进山东社会的协调发展，山东省政府在 2012年就提出了"打造全国重要的区域性文化中心"的目标。据此，山东依托丰富的文化资源、雄厚的经济基础、日益完善的文化政策，大力推进文化产业的发展。当前，山东文化产业规模不断壮大的同时，也因各地市政府对文化产业重视程度和资源禀赋的差异，呈现出明显的文化产业区域发展不平衡的问题。从全省范围看，尽管各地市逐渐形成了具备区域特色的文化产业发展格局，但是文化产业发展规模从东到西呈现出三级阶梯递减的状况，区域间文化产业发展规模的差异较大。

整合资源优势，培育和扶植新的产业突破口和增长点，是推动区域文化产业崛起的有效路径。因此，山东文化产业的发展以文化产业带和文化产业园区的建设为核心，形成了分别以青岛、济南、济宁三个城市为核心的三大文化产业带。其中，烟台、威海、日照、潍坊、东营等东部沿海城市以青岛为核心，围绕海洋文化产业特色重点发展文化旅游、娱乐休闲、游戏动漫、影视演出等产业项目；淄博、泰安、滨州、德州、聊城等中部城市以济南为核心，依托山泉文化资源打造出一系列特色鲜明的文化品牌；临沂、菏泽、枣庄等西部城市以济宁为中心，从实际出发形成了包括文化旅游、实景演出、图书出版等文化产业门类的综合文化市场体系。三大文化产业带的打造，在一定程度上打破了行政空间的限制，形成了具有区域特色的文化产业发展格局，各地市的文化产业在国内生产总值中所占比重持续增加。以青岛市为例，早在 2010 年，文化产业增加值在地区国内生产总值中的比重已经达到 7.7%，达到了国民经济支柱性产业的标准①。

尽管各地市文化产业发展取得了一定成就，但是在公共文化服务水平和文化产业发展规模上，东部沿海地区明显优于中西部地区，区域文化产业发展不平衡的问题十分突出②。区域公共文化服务水平往往影响着该地区的文化产业发展能力，它作为一种改造和重建文化审美导向、文化消费需求的力量，深刻影响着文化产业的发展进程和具体走向。如图 3-9 所示，山东东西部地区在人均文化事业费、博物馆、公共图书馆及其藏书量等方面存在明显的差距，东西部地区之间公

---

①　张华．2011 年山东发展重大课题研究报告［M］．济南：山东人民出版社，2011：299.

②　东部沿海地区包括青岛、烟台、威海、日照、潍坊和东营；鲁西北地区包括济南、淄博、泰安、德州和滨州；西部地区包括济宁、聊城、临沂、菏泽和枣庄。

共文化服务水平不平衡的问题十分突出，东部沿海地区明显高于西部内陆地区。

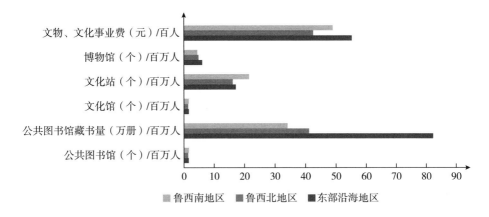

图 3-9　2018 年山东东西部地区公共文化服务情况

　　文化产业增加值历来被作为反映各地区文化产业经营状况和经济贡献的重要指标。根据山东统计局公布的数据显示，2016 年全省文化产业增加值超过 200 亿元的有 5 个地市，分别是青岛（603.5 亿元）、烟台（302.12 亿元）、济南（255.04 亿元）、潍坊（235.85 亿元）和淄博（207.65 亿元），5 个地市均位于全省的东中部地区，它们的文化产业增加值总量占全省的 56.5%，其中青岛市突破 600 亿元，遥遥领先于其他地市，西部地区无一城市达到 200 亿元。与之相比，文化产业增加值低于 100 亿元的有 5 个地市，分别是枣庄（84.11 亿元）、日照（47.56 亿元）、莱芜（24.59 亿元）、聊城（91.54 亿元）和滨州（64.68 亿元），5 个地市的总量仅占全省的 11%，由此可见，各地市之间文化产业增加值的规模差距较大。在各地市文化产业增加值占 GDP 的比重方面，文化产业增加值占比超过 5%，成为本地区国民经济支柱性产业的只有青岛（5.92%）；文化产业增加值占 GDP 的比重在 4%~5% 的有淄博（4.64%）、烟台（4.29%）、潍坊（4.2%）、济宁（4.08%）、威海（4.09%）、菏泽（4.6%）6 个地市，其他地市距离成为国民经济支柱性产业的标准还有一定的距离，滨州（2.57%）、日照（2.62%）两市的占比均未达到 3%，与文化产业发达地市的差距明显。

3.2.3　文化产业的市场状况

　　随着文化产业的迅速崛起，山东文化市场逐步兴起并发展起来，文化商品的数量和质量逐年提升,民众的文化娱乐消费需求旺盛,文化产业经营单位日益发展壮大。

在参照《文化及相关产业分类》标准的基础上,结合山东文化市场的具体业态表现,可以把文化产品细分为新闻出版产品、广播影视产品、演艺娱乐产品、文化旅游产品、动漫游戏产品、文物艺术产品及会展产品(服务)等产品类型。事实上,文化产业具有突出的融合性特征,这既是文化产业的产业优势,又决定了文化产品外延难以确定的特点,因此辅助文化产品生产活动的文化产业相关层的产品属于制造业的范畴,故不在本书分析范围。当前,山东的新闻出版产品在数量和质量上都表现出整体向好的态势,精品化、数字化和多样化的发展形势,提升了其在全国同行业中的影响力和竞争力。根据山东统计局公布的数据,2018年山东出版图书总计18968种,总印数达到59984万册,出版期刊总计264种,总印数8260万册,发行报纸总计132种,总印数219110万份,音像制品总计161种,出版数量36.7万盒(张),电子出版物总计281种,发行数量达到155.3万张。截至2018年底,山东获得国家级奖项的图书已突破200多种,《茶座》《老照片》《笑猫日记》等系列图书家喻户晓,《齐鲁晚报》连续十年获得"中国500最具价值品牌"荣誉称号。在广播影视产品方面,截至2018年,广播、电视节目数量分别为181套和261套,电影银幕3159块。从20世纪八九十年代的《武松》《高山下的花环》《今夜有暴风雪》,到近几年山东影视参与制作的《伪装者》《琅琊榜》《欢乐颂》《大圣归来》等影视作品,"鲁剧"的品牌影响力越来越大。在演艺娱乐产品方面,山东通过送戏下乡对接文化扶贫、成立大学生戏剧联盟、举办文化惠民消费演出季等举措,使得一批演艺精品走入群众的视野,《李二嫂改嫁》《孙安动土》《墙头记》《王小赶脚》等地方戏曲剧种代表性剧目焕发新生机,一批优秀的国内外演艺团体为全省人民带来了23台优秀演出剧目,2018年,山东各类演出数量达到10.9万场次。在文化旅游产品方面,山东围绕全域旅游、乡村旅游和十大旅游目的地品牌建设等内容,推进文化旅游的精品建设工作。在动漫产品方面,山东着力打造具有较高社会影响力和较强市场竞争力的动漫品牌和动漫企业,创建了山东优秀原创动漫项目资源库。2018年,山东原创漫画、动画作品数量分别为45部和144部,全年播出电视动画片25043小时。在文物艺术品方面,截至2018年底,山东共有博物馆517座,画廊300余家,以荣宝斋(济南)、珍宝斋为代表的拍卖公司主办了多场成功的艺术品拍卖活动。在会展产品方面,截至2018年底,山东投入使用的会展中心21

个、可用展览面积 114 万平方米，分列全国的第一位和第二位，全年共举办展览会 862 个，展览面积达到 1033.25 万平方米。此外，山东会展服务的国际化水平明显提升，拥有国际展览协会会员 7 家，国际展览协会认证展会项目 8 个。

随着文化体制改革的深入推进和省政府对文化市场的监管，山东的文化市场呈现出健康繁荣发展的态势。作为典型的文化大省，山东拥有阵容庞大的文化事业单位，尽管"事业单位、企业化经营"的性质在一定程度上使其难以成为真正独立的文化产业市场主体，但国有文化企业仍然是当前山东文化市场的主力军，影响着全省文化产业的发展。同时，随着文化市场的逐步开放和繁荣发展，一批民营的文化企业开始崭露头角，充实了山东文化市场的主体，成为推动全省文化产业发展的生力军。根据图 3-10 显示，2018 年底，山东共有各类文化市场经营单位 11216 家，从业人员 51549 人，其中，城市文化市场经营单位 4430 家，占全省文化市场经营单位总量的 39.50%；县城 4930 家，占总量的 44.00%；县级以下地区 1856 家，占总量的 16.50%，已基本形成了以图书出版、广播影视、演艺娱乐、文化旅游、会展等行业为基本框架的文化市场体系①。同时，根据国家统计局公布的《2019 中国文化及相关产业统计年鉴》显示，山东共有规模以上文化及相关产业企业 4417 个，其中，规模以上文化制造业企业、文化批发和零售企业、文化服务业企业的数量分别为 2046 个、809 个和 1562 个。

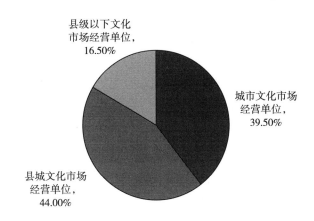

图 3-10　2018 年山东文化市场经营单位占比情况

① 中华人民共和国文化和旅游部.2018 文化发展统计分析报告［M］.北京：中国统计出版社，2018：190.

伴随改革开放的深入和经济的发展，山东的居民收入水平持续提高，城乡居民的恩格尔系数持续下降，物质生活质量的改善带动了文化需求的增长，文化娱乐消费支出的比重呈现出逐年上升的趋势。依据国际发展经验，当人均生产总值超过3000美元时，文化消费会进入快速发展的轨道，一旦突破5000美元，文化消费则会进入繁荣时期①。当前，山东的人均生产总值早已突破1万美元的大关，居民的文化需求在深度和广度上深入拓展，文化消费欲望旺盛。根据国家统计局公布的数据显示，山东的居民人均文化娱乐消费支出由2013年的430元增长到2018年的718.9元，增长了67.2%。其中，城镇居民人均文化娱乐消费支出突破1000元，达到1097.6元，农村居民人均文化娱乐消费支出246.5元，城乡文化消费支出的差距较大，农村文化消费的潜力巨大。

3.3　山东文化产业发展存在的问题与成因分析

经济进入"新常态"给山东乃至全国的社会经济发展提出了新的挑战，如何避免陷入"中等收入陷阱"②"修昔底德陷阱"③，这不仅是宏观视角下全国性的研究课题，也是山东亟须破解的发展难题。这些背景因素不仅深刻影响着山东经济发展的未来走向，而且迫使山东文化产业在建设"文化强省"的过程中加快推进转型升级的进程。因此，系统分析山东文化产业发展存在的问题，厘清具体的成因和困境，这对顺利推进全省文化产业转型升级显得十分迫切。

3.3.1　存在的问题

3.3.1.1　产业大而不强④

依托资源、政策、经济等方面的优势，尽管山东的文化产业取得了丰硕的成

---

① 国民经济运行报告编写组. 国民经济运行报告（2012）［M］. 上海：上海财经大学出版社，2013：116.

② 世界银行《东亚经济发展报告（2006）》提出了"中等收入陷阱"（Middle Income Trap）的概念，它是指"鲜有中等收入的经济体成功地跻身为高收入国家，这些国家往往陷入了经济增长的停滞期，既无法在工资方面与低收入国家竞争，又无法在尖端技术研制方面与富裕国家竞争"。

③ 源自古希腊著名历史学家修昔底德的观点，指一个新崛起的大国必然要挑战现存大国，而现存大国也必然会回应这种威胁，这样战争变得不可避免。

④ 除单独标注外，本节资料来源于《2018山东统计年鉴》和《2018中国文化及相关产业统计年鉴》。

果，但是"大而不强"的现实状况降低了文化产业对全省经济增长的贡献率，拉动经济社会发展的功能也难以全面发挥。如图 3-11 所示，山东文化产业增加值由 2015 年的 2481 亿元增长到 2017 年的 3018 亿元，仅仅落后于广东、江苏、浙江三个省份，稳居全国前列。但文化产业增加值数据只是反映了山东文化产业规模的宏大，并不能代表文化产业实力的强劲。如图 3-12 所示，2015~2017 年期间，山东文化产业增加值占 GDP 的比重在 4% 左右，与北京、上海、浙江、广东、江苏等省份相比差距明显，甚至比全国同期的平均值还低，这表明山东文化产业的总体实力不强，且对地区经济增长的贡献度不高。除文化产业增加值占 GDP 的比重这一指标外，上市公司的数量和体量也可以反映本地区文化产业总体实力情况。根据表 3-1 显示，山东在 A 股上市的文化企业有 11 家，总市值仅为 1626 亿元，上市企业数量与总市值不匹配，表明这些公司规模过小且盈利能力不足，综合实力不强；根据表 3-2 显示，山东在 A 股上市的文化企业中，市值排名全国前 20 的仅有歌尔股份和太阳纸业 2 家企业，市值分别为 646 亿元和 255 亿元，分别位列全国第 3 位和第 19 位，在数量上与广东、北京、上海等省份有一定差距，在公司市值上与排名前两位的三六零（1590 亿元）和分众传媒（919 亿元）差距巨大①。总体来看，山东文化产业的规模虽然居于全国前列，但综合实力较弱，难以和广东、江苏、北京、上海等省份相抗衡。

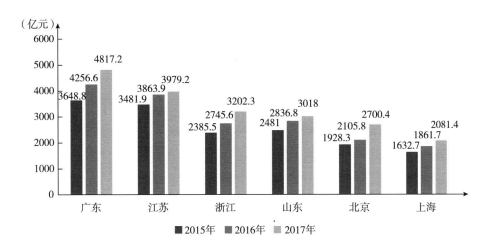

图 3-11　2015~2017 年山东与部分省份文化产业增加值对比情况

---

① 数据来源于 Wind 数据库：https：//www.wind.com.cn/.

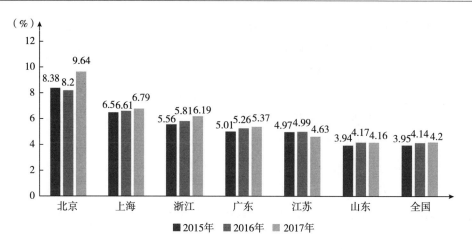

图 3-12　2015～2017 年山东与部分省份文化产业增加值占 GDP 比重对比情况

表 3-1　山东与部分省份 A 股文化上市企业对比情况

地区	上市企业数量（家）	总市值（亿元）	地区	上市企业数量（家）	总市值（亿元）
广东	62	6168	上海	22	3459
北京	40	4421	天津	3	1697
浙江	36	3932	山东	11	1626

资料来源：沪深两市交易所。

表 3-2　文化及相关产业市值前 20 的 A 股上市公司

排名	公司名称	公司简称	市值（亿元）	地区
1	三六零安全科技股份有限公司	三六零	1590	天津
2	分众传媒信息技术股份有限公司	分众传媒	919	广东
3	歌尔股份有限公司	歌尔股份	646	山东
4	深圳华侨城股份有限公司	华侨城 A	639	广东
5	芒果超媒股份有限公司	芒果超媒	622	湖南
6	浙江核新同花顺网络信息股份有限公司	同花顺	587	浙江
7	完美世界股份有限公司	完美世界	571	浙江
8	芜湖三七互娱网络科技集团股份有限公司	三七互娱	569	安徽
9	广州视源电子科技股份有限公司	视源股份	562	广东
10	中国卫通集团股份有限公司	中国卫通	453	北京

续表

排名	公司名称	公司简称	市值（亿元）	地区
11	宋城演艺发展股份有限公司	宋城演艺	449	浙江
12	上海晨光文具股份有限公司	晨光文具	448	上海
13	万达电影股份有限公司	万达电影	377	北京
14	巨人网络集团股份有限公司	巨人网络	366	重庆
15	纳思达股份有限公司	纳思达	350	广东
16	北京光线传媒股份有限公司	光线传媒	346	北京
17	东方明珠新媒体股份有限公司	东方明珠	320	上海
18	中国电影股份有限公司	中国电影	284	北京
19	山东太阳纸业股份有限公司	太阳纸业	255	山东
20	老凤祥股份有限公司	老凤祥	249	上海

资料来源：沪深两市交易所。

  龙头文化企业实力偏弱，是山东文化产业"大而不强"的直接体现。作为名副其实的出版大省，出版业是山东文化产业中的传统强势行业，无论是图书、音像制品及电子出版物的种数还是总数等方面都位居全国前列（见表3-3）。在表3-4中，山东拥有山东出版、城市传媒和世纪天鸿3家出版传媒上市公司，这在国内出版传媒上市公司中处于领先地位①。当然，出版传媒上市公司数量上的领先，并不能全面反映实力的强弱，营业收入、公司市值等方面的数据往往能更为直观地表现出企业的整体实力。根据表3-4我们可以发现，在营业收入方面，山东出版、城市传媒和世纪天鸿分别位列第6、第14和第21，与前3名相比差距巨大；在营业收入增长率方面，只有城市传媒达到了10.19%，世纪天鸿仅为0.12%，难以与出版传媒、天舟文化、中文在线等公司相抗衡；在总市值方面，山东出版、城市传媒和世纪天鸿分别位列第4、第15和第21，与前3名相比，公司的体量规模差距明显。同为国有控股的出版传媒上市公司，山东出版与凤凰传媒相比，营业收入相差240多亿元，总市值相差280多亿元，悬殊较大。同为民营企业的世纪天鸿和掌阅科技，两者相比，前者比后者的营业收入少150多亿元，总市值低了630多亿元，无论是营收能力还是总体实力，都难以匹敌。

---

  ① 截至2019年4月26日，在沪深上市的出版传媒公司有21家，分别为长江传媒、新华传媒、出版传媒、时代出版、中文传媒、中文在线、凤凰传媒、中南传媒、皖新传媒、大地传媒、天舟文化、城市传媒、读者传媒、新华文轩、南方传媒、中国科传、新经典、中国出版、掌阅科技、世纪天鸿、山东出版。

表3-3　2018年山东与部分省市出版业对比情况

地区	图书		音像制品		电子出版物	
	种数（种）	总印数（万册）	种数（种）	出版数（万）	种数（种）	数量（万）
江苏	30892	68474	275	1133.3	478	1843.5
上海	30005	48030	1898	3331.2	558	1306
吉林	27824	23733	222	182.3	35	17.4
山东	18312	59987	161	36.7	281	155.3
浙江	15231	41810	226	357.6	287	942.9
四川	14456	32520	102	57.4	228	101.6
广东	11033	35257	979	1269.8	270	588.5
北京	13759	26742	414	154.6	141	44.7

资料来源：《2019中国文化及相关产业统计年鉴》。

表3-4　2018年出版传媒上市公司财务状况

名称	营业收入（万元）	营收排名	增长率（%）	总市值（万元）	总市值排名
凤凰传媒	1178870.32	1	6.68	2041009.80	2
中文传媒	1151267.40	2	−13.48	1904313.12	3
长江传媒	1036268.05	3	−7.74	858050.74	10
皖新传媒	983195.55	4	12.89	1362605.25	5
中南传媒	957557.62	5	−7.57	2228836.00	1
山东出版	935081.68	6	5.05	1757169.80	4
中原传媒	900112.01	7	10.11	850282.32	11
新华文轩	818658.30	8	11.44	1302509.96	6
时代出版	643665.11	9	−2.57	505319.47	16
南方传媒	559741.94	10	6.60	813455.92	13
中国出版	533141.00	11	13.52	1259347.50	7
出版传媒	233800.76	12	21.08	374622.00	19
中国科传	222479.70	13	10.65	892474.50	8
城市传媒	217016.82	14	10.19	563783.10	15
掌阅科技	190315.07	15	14.17	862952.00	9
新华传媒	139124.03	16	−2.52	595586.07	14

续表

名称	营业收入（万元）	营收排名	增长率（%）	总市值（万元）	总市值排名
天舟文化	112580.47	17	20.28	399653.99	18
新经典	92605.04	18	-1.90	815907.24	12
中文在线	88548.99	19	23.54	438495.01	17
读者传媒	76070.87	20	-8.42	358272.00	20
世纪天鸿	38143.67	21	0.12	223199.85	21

资料来源：沪深上市公司。

3.3.1.2　产业体系不完善

文化产业作为国民经济体系中的一种产业形态，与工业、农业、建筑业等产业形态一致，也具有一个完整的产业体系，它包括由文化内容生产、文化传播渠道和文化生产服务组成的产业主体部分，由文化装备制造和文化消费终端制造组成的产业支撑部分以及文化服务生产部分三个方面的内容。当前，山东已基本建立了包含多个文化行业部门及其相关行业部门在内的文化产业体系，但是由于生产要素、市场需求、相关支持产业和产业组织四个部分之间联动协调机制的缺乏，既有的文化产业体系并不完善。文化资源是生产要素中的关键生产资料，由于山东对文化资源的调查缺乏科学的统计、分析和评估系统，使得文化资源的开发和保护难以相互协调，存在盲目开发和重复开发的问题。同时，对文化内涵的挖掘不够深刻，文化资源的利用率不高，导致文化资源的产业化水平较低，与相关产业的融合度也较低，还没有形成与其他产业之间良好的合作机制。再就是以互联网、数字内容产业为代表的文化产业新型业态较少，根据表3-5可以发现，在新三板上市的文化企业中，山东在网络游戏、影视制作、互联网广告、动漫数字出版等文化产业新型业态领域，均无企业进入全国前十的行列。同时，山东的文化产业传统业态的实力较弱，市场竞争力不强，根据表3-2可以发现，在市值前20的A股上市文化企业中，山东仅有歌尔股份和太阳纸业两家公司，这两家公司都属于文化制造业领域，市值与排名前两位的公司差距较大。同时，文化产业内部各行业的产业关联度不高，各自为战的局面使得产业链不够完善，导致文化产品的附加值较低。总体上看，文化产业体系的不完善使得山东的文化产业集约化程度较低，粗放式的文化产业经营模式，一味追求产业规模和产品数量，加剧了文化市场的供需矛盾。

表 3-5　2019 年部分省份新三板上市文化企业十强数量　　　　单位：家

领域 地区	网络游戏	影视制作	互联网广告	设计服务	动漫数字出版
山东	0	0	0	1	0
北京	3	4	3	1	6
广东	2	0	2	0	2
上海	2	2	5	2	1

资料来源：根据互联网信息整理。

作为具有较高国际影响力的儒家文化，是山东文化资源开发的典型代表，经过多年的发展，尽管围绕儒家文化在展览、演艺、文化旅游以及影视等多个层面上进行产业化开发，但至今尚未形成完善的产业体系，这在很大程度上限制了儒家文化的国际化传播，儒家文化的文化价值、经济价值和社会价值难以在全球范围内体现出来。首先，在产业化开发中，缺乏对儒家文化的深度挖掘。当前围绕儒家文化开发的文化产品，没有从宏观角度全面审视儒家文化，难以挖掘文化蕴含的普世价值。如动画片《孔子》，只停留在对孔子这个历史人物的浅层次描述，甚至为了迎合少数观众的低级审美趣味不惜歪曲历史事实，不仅难以引爆市场，而且也容易加深观众的反感心理。其次，产业融合度较低，产品品牌效应不显著，限制了产业链的延伸和产业规模的扩大。当前，围绕儒家文化进行的产业化开发，并未发挥出文化产业渗透性强的优势，所开发的影视作品、书籍、曲阜国际孔子文化节、儒家文化旅游等项目的经营重点都集中在产品本身上，经营方式单一，缺乏衍生品的开发，无法形成完整的产业链。此外，没有"龙头"文化企业的带动，尽管儒家文化的中心地济宁市文化经营单位众多，但是仅有 1 家企业进入全省文化企业前 30 强，至今没有文化企业在主板市场挂牌上市，大大降低了儒家文化产业运作的能力。

3.3.1.3　产业结构不合理

当前，山东文化产业结构的不合理已经成为制约产业发展的主要问题，这突出表现在行业结构的不协调、不完整以及区域结构的不平衡等方面。从行业结构来看，传统文化行业部门增长乏力，新兴文化行业尚处于起步阶段。山东的文化产业中，以新闻出版、广播影视、文化制造业等为代表的传统文化行业所占比重较大，但后劲不足，增长乏力；以动漫游戏、创意设计、新媒体、数字内容等为代表的新兴文化行业所占比重较低，多处于起步阶段。山东在文化产业发展的过程中，由于缺乏对文化产业发展的系统规划与统筹安排，使得各地文化产业的行业同质问题突出，造成了产业分散和重复建设，最终表现出文化产业"核心层"大而不强、"外围层"整体偏弱、"相关层"强弱失衡的状况。由此可见，山东传统文化产业行业部门规模过大，新兴文化产业业态存在"低、小、散、弱"的矛盾，难以形成规模化，出现文化产业发展层次不高等问题。同时，由于文化产业新型业态较弱小，限制了山东文化产业的融合发展，不仅难以带动其他产业的转型升级，而且文化产业内部之间的融合度也得不到快速提升。山东文化产业融合度不高的问题，使得省内大型文化企业往往自成体系，产业链条的封闭短小限制了对中小文化企业和下游关联产业的辐射带动作用。在文化产业区域结构方面，非均衡性的问题较为突出，并且呈现出日益扩大的趋势。从整体来看，城市与乡村之间的文化产业发展极不均衡，2017年城市文化市场经营单位4430个，占文化市场经营单位总量的39.50%；县以下地区1856个，仅占16.5%①；山东东部地区与中西部地区之间的差距在扩大，东部地区的文化产业在增加值、营业收入、从业人数等方面明显强于中西部地区，仅青岛、东营、潍坊、烟台等地市的文化产业增加值就占了全省总量的一半以上。

山东文化产业内部行业结构固化的问题，由来已久。根据图3-13、图3-14和图3-15，可以发现，2012～2017年，山东文化制造企业营业收入占比在70%以上，只有2018年占比下降幅度较大，但仍在60%以上，整体占比过大；2012～2018年，山东文化批零企业营业收入占比在20%左右，文化服务企业营业收入占比始终处于10%以下（2018年占比11%），所占比重明显偏低。同时，与其他文化产业发达省市相比，山东文化制造业营业收入占比偏高，京沪两市文化制造业营业收入占比均在20%，浙江文化制造业营业收入占比从50%以上下降到30%左右，行业结构优化效果突出。在文化服务业营业收入占比方面，与其他文化产业发达省份相比，山东的数值偏低，京沪两市的这一数值分别保持在60%以上（2013年为56.7%）和30%以上，浙江文化服务业营业收入占比从30%以下上升到60%左右，变化趋势明显。总体而言，2012～2018年，山东文化产业的行业结构，在数值上无法与北京、上海相抗衡，在变化幅度上又远远落后于浙江，短时间内产业结构固化问题难以解决。另外，山东文化产业结构固化的问题，在

---

① 文化和旅游部．2018文化发展统计分析报告［M］．北京：中国统计出版社，2018：190.

具体文化企业的经营结构方面体现得也较为明显。以山东出版为例，2017~2019
年（见图3-15），教材教辅和一般图书的营业收入占比分别保持在70%和20%左
右，而数字出版、版权服务、策划服务、文创教具商品、教育信息化等图书出版
业的新业态几乎没有开展具体的业务，这种固化的出版结构，不仅降低了企业的
成长性，而且束缚了全省图书出版业的转型升级，山东出版主营业构成占比如图
3-16所示。

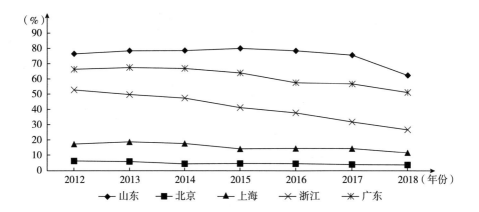

图3-13　部分省份文化制造企业营业收入占比变化趋势

资料来源：《中国文化及相关产业统计年鉴（2013~2019）》。

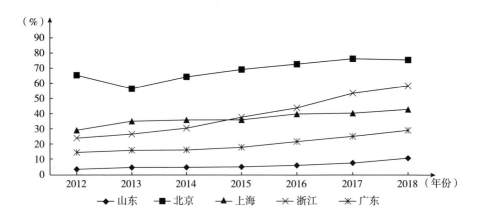

图3-14　部分省份文化服务企业营业收入占比变化趋势

资料来源：《中国文化及相关产业统计年鉴（2013~2019）》。

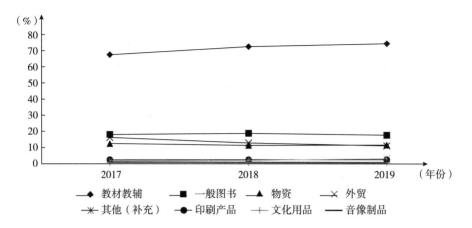

图3-15　部分省份文化批发和零售企业营业收入占比变化趋势

资料来源:《中国文化及相关产业统计年鉴(2013~2019)》。

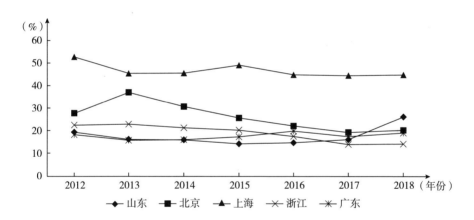

图3-16　山东出版主营业收入构成占比

资料来源:沪深上市公司。

　　互联网文化企业数量少,产业规模小,在一定程度上也反映了山东文化产业结构不合理的问题。与北京、上海、广东、浙江等互联网文化产业先进地区相比,山东"互联网+"类型的文化企业数量少、实力弱,龙头企业匮乏。由于山东缺乏腾讯、百度等在全国乃至全球具有较高影响力的互联网文化品牌,少量的"互联网+"文化企业难以形成规模化竞争力,长期处于互联网文化产业链的底端。2017年,山东文化信息传输服务及文化创意和设计服务互联网类型的法人单位数量较少,分别只占规模以上文化企业总数的2.1%和14.7%,

相应的营业收入仅占0.6%和4.0%。同时，山东在文化信息传输服务及文化创意和设计服务两个文化产业新业态领域的投资情况，也在一定程度上反映出文化产业结构的不合理。2017年，全省文化信息传输服务及文化创意和设计服务的固定资产投资项目占比仅为1.8%和5.3%，累计完成投资分别增长了-0.8%和1.3%，远低于全省文化产业固定资产投资的平均增速。此外，作为典型的农业大省，农村特色文化产业的发展是解决"三农"问题和实现乡村振兴的重要突破口。与全省文化产业总体的发展状况相似，农村特色文化产业的发展也存在严重的产业结构不合理的问题。当前，山东农村特色文化产业的发展主要集中于乡村手工艺产业和乡村文化旅游两个方面，这些领域多以家庭、同村镇熟人等小型作坊式的模式运作，劳动密集型文化产业和文化制造业所占比重往往较大。

3.3.1.4 产业创新度不高

文化产业发展的目标在于实现社会效益和经济效益的统一，创新是实现这一目标的重要驱动力之一。通过创新与创意活动，既可以满足人民群众的精神文化生活需要，又能实现由"内容产业"到"版权产业"的资本转化。当前，虽然山东高度重视文化产业创新，但是与其他文化产业发达地区相比，山东文化企业科技活动处于明显劣势，文化企业科技创新能力不强，阻碍了山东文化产业的转型升级（见表3-6）。纵观美国、英国、韩国等国家的文化产业发展史，我们可以发现，这些国家发达的文化产业都是建立在先进的科技创新的基础上的，然而，山东的文化产业对于先进科技的应用水平仍然较低，落后的生产方式使得文化资源优势难以转化为产业优势和产品的核心价值，影响了文化产业的转型升级和提质增效。文化产业的创新与创意活动是依靠人来实现的，当前文化产业人力资源投入少且整体素质不高，尤其是高端文化创新创意人才的稀缺，这些因素都

表3-6 2018年山东与部分省份文化企业科技活动情况

地区	有R&D活动的企业（家）	R&D项目数（个）	新产品开发项目数（个）
山东	343	1545	1564
江苏	1008	2539	3659
浙江	799	2326	3721
广东	1163	3602	8677

资料来源：《2019中国文化及相关产业统计年鉴》。

影响到文化产业经营活动的开展。此外，既懂文化创意又懂市场经营、既懂市场经营又懂企业管理的复合型文化产业人才更是奇缺，使得文化企业的创新活动难以转变为行业竞争力，影响了经济效益的实现。文化产业的经济效益不高，使得文化企业的科技创新与研发和人才培养的投入减少，文化生产难免陷入低层次模仿的窘境，这种恶性循环的文化产业生态系统，使得山东许多文化产业行业转型升级举步维艰。

电视行业是文化产业体系中的传统行业，有线电视又是现在社会电视行业中最为重要的组成部分。2001 年以来，台网分离政策加速了各地区有线电视行业的市场化运作步伐，进而诞生了多家广电网络上市公司[1]。与其他地区有线电视行业如火如荼的发展态势相比，中国广电山东网络有线公司（以下简称山东有线）的发展却难以尽如人意。究其原因，产业创新度不高导致企业缺乏创新与竞争活力，成为制约山东有线发展的关键问题。山东有线创新度不高的问题主要体现在技术变革不足和新媒体发展迟缓两个方面。在技术变革方面，山东有线最初采用有源 EOC 标准[2]中的 HomePlugAV 技术进行数字化改造，但是户均 20M 带宽规划的设计难以满足高速宽带业务发展的需要。此后，山东有线重新对部分小区进行了光纤升级改造，但是，已经落后于其他三家运营商光纤到户的网络改造步伐，丧失了互联网宽带业务的发展先机。在无线网络研发方面，尽管山东有线在 700Mhz 无线优质频段技术方面进行了多次测试，但是，成熟应用场景的缺失使得难以开展真正的业务。此外，山东有线在物联网和智慧类业务（智慧城市、智慧社区）方面，技术储备严重不足，发展缓慢而滞后。在新媒体业务方面，由于山东有线缺乏制作视频节目的能力，视频传输管道商的角色定位使其难以获得优质的视频内容资源，长期处于产业链的底端，限制了新媒体业务的快速发展。综合来看，由于技术创新不足和新媒体业务发展的滞后，导致山东广播电视行业的收入渠道较为单一，广告收入与有线电视网络收入分别占广播电视行业总收入的 48.3%和 44.9%，而新媒体业务收入仅占 6.8%（见图 3-17）；同时，产业创新度低又制约了山东广播电视行业的进一步发展，全省广播电视行业的收入远远落后于其他省市广播电视行业，仅排全国第 8 名（见表 3-7），广告收入与新媒体业务收入与排名靠前的省市相比，差距明显。

---

① 除单独标注外，本节资料主要来源于各年度的《中国文化及相关产业统计年鉴》《山东统计年鉴》。

② EOC，即 Ethernet over COAX，源于欧洲的部分厂家，是以太网信号在同轴电缆上的一种传输技术。

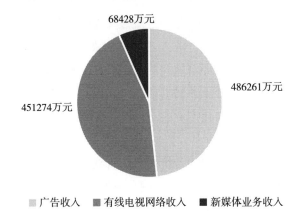

图 3-17 2018 年山东广播电视行业收入情况

资料来源：《2019 中国文化及相关产业统计年鉴》。

表 3-7 2018 年山东与部分省市广播电视行业收入情况   单位：万元

地区	实际创收收入	广告收入	有线电视网络收入	新媒体业务收入
北京	14736105	5686239	262090	2015298
浙江	4884694	1245784	772366	211287
上海	4779959	1390653	373012	275914
广东	3842414	1139336	809182	311533
新疆	3184312	226445	75390	128273
江苏	3526891	928990	788366	166329
湖南	2705638	1403621	269172	242641
山东	1318945	486261	451274	68428

资料来源：《2019 中国文化及相关产业统计年鉴》。

3.3.2 成因分析

3.3.2.1 思想观念较为保守

文化产业的生命力在于创新。历史深厚的齐鲁文化为山东文化产业发展提供了丰富的文化资源，齐鲁文化是古代农业文明的产物，它的核心组成部分是儒家文化，儒家文化具有"重仕轻商"的一面，"学而优则仕"的人生理想、重义轻利的价值观以及道德至上的泛伦理主义义利观根深蒂固，深刻影响了山东人的价值观与处世之道。思想观念的落后和守旧使得山东的文化产业经营意识较差，政府干预作用过于突出，使得市场的作用难以发挥，导致无法准确判断和抓住文化产业发展的机遇期，错失产业转型升级的良机。同时，深受儒家文化影响的品性造就了山东人重守成的性格——注重家国的安稳和崇尚权威，故步自封的思想与标新立异和冒险精神相悖。文化产业转型升级需要具备勇于创新追求的勇气，这就要求大胆破除循规蹈矩的守旧观念，树立敢为天下先的创新思维和冒险精神。故步自封的思想观念依然是在延续计划经济的思维惯性，限制了文化体制改革的整体推进，"自主经营、自负盈亏、自我积累、自我发展"的市场主体无法形成规模优势，使得文化产业转型升级缺乏起到引领作用的"航母""旗舰"。此外，小富即安、安于现状的思维观念是容易使人滋生心理惰性，表现为在经济发展中不思进取、不愿冒风险以及回避竞争。在山东文化产业发展过程中，这种思想观念直接表现为文化企业经营者的投资欲望不强，以政府投资为主的单一投融资渠道仍然占据主导地位，无法为文化产业转型升级提供更充足的资金保障。

3.3.2.2 创新人才储备不足

创新是实现文化产业转型升级的关键路径和现实选择，人才资源是驱动创新的核心要素。当前，文化产业的发展越来越趋向于高文化内涵与高科技含量的融合，极大地激发了对复合型、高端化人才的需求。从总体上看，山东既没有形成完备的文化产业人才培养体系，又面临人才流失与人才难以有效引进的困局，导致文化产业人才储备的不足，文化产业人才资源的质和量与文化产业转型升级的要求严重不符。尽管山东文化产业的发展水平处于全国的前列，但是文化产业人才的规模较小且综合素质不高。根据山东统计局公布的数据显示，2018 年全省文化从业人员共 84482 人，约占全省就业人员总量的 0.14%，文化产业人才总量的弱小与文化产业发展的规模明显不对等。高学历、高素质的文化产业人才更是严重短缺，全省开展文化产业管理专业本科教育的高校仅有山东大学、中国海洋大学、山东艺术学院、济南大学等 8 所院校，实施硕士、博士教育的高校数量更少，文化产业人才的培养严重滞后于产业发展的需求。山东文化产业人才总量较少的另一个原因就是人才的严重流失，由于本省内知名的文化企业数量较少，众多中小微文化企业在吸引、储备文化产业人才上能力有限，有限的人才大多流向了北上广深等文化产业发达省份。同时，山东文化产业人才专业结构错位问题比较突出，现有的文化产业从业人员多集中于文化产业传统领域，新兴文化产业领域的创新人才十分稀缺，融文化素养、经营管理、创意创新技能于一体的复合型人才极度匮乏，能够引领行业发展的领军型人才几乎没有，全省难以形成一个规模庞大的文化产业人才储备库。此外，山东文化产业高端人才引进力度不够，一方面，政府部门关于人才引进的优惠政策远远落后于其他省份；另一方面，在人才激励和人才配套保障等方面的条件又缺乏竞争优势，难以吸引高端的文化产业人才。

3.4 山东文化产业转型升级的必要性和紧迫性

文化产业转型升级不仅对世界经济发展产生深刻影响，而且关系世界政治与文化秩序的重构。同时，面对来自文化产业发达国家的竞争压力以及转变经济发展方式的内在诉求，文化产业转型升级又是社会经济发展的迫切要求，因此推动文化产业转型升级已经成为克服和解决当前经济发展过程中各种矛盾与问题的一项重要的战略选择。对于山东社会经济发展而言，文化产业转型升级是提高文化产业发展质量的根本要求，是转变文化产业发展方式的关键所在，是提升产业竞争力的必由之路。

3.4.1 提高文化产业发展质量的根本要求

从经济学的视角来看，高质量发展是一种以质量和效益为价值取向[①]，以高效益、稳增长和创新驱动为宗旨，以释放活力、激发创新力和增强竞争力为路径，以满足人民日益增长的美好生活需要为目标的全新发展理念[②]。当然，对于文化产业而言，社会效益与经济效益相统一的属性，又赋予了其特殊的高质量发展的内涵。2018 年，习近平总书记在全国宣传思想工作会议上明确指出，"要推动文化产业高质量发展，健全现代文化产业体系和市场体系，推动各类文化市场

---

① 田秋生. 高质量发展的理论内涵和实践要求［J］. 山东大学学报（哲学社会科学版），2018（6）：1-8.

② 李培峰. 新时代文化产业高质量发展：内涵、动力、效用和路径研究［J］. 重庆社会科学，2019（12）：113-123.

主体发展壮大，培育新型文化业态和文化消费模式，以高质量文化供给增强人们的文化获得感、幸福感"①。由此可见，文化产业的高质量发展，需要以文化产业管理体系的高效运作为基础，以文化产业创新体系的构建为核心，以鲜明的文化导向、强劲的发展动力、合理的产业结构、优质的产品供给为目标，最终形成既能够满足人民群众日益增长的精神文化生活需要又具备较强的产业竞争力的发展状态。

当前，山东文化产业的发展方式主要以文化资源的初级开发为主，文化资源的利用率和转化率都较低，文化产业发展的跨界融合也不够。与山东经济发展的总体现状相似，山东文化产业的发展呈现出后劲不强的特征，与发达地区的差距不断拉大。山东与广东的文化产业增加值的差距，已由 2015 年的 1167.8 亿元扩大到 2017 年 1799.2 亿元，短短 3 年的时间，拉开了 600 多亿元的差距。山东与北京文化产业增加值的差距，已由 2015 年的 552.7 亿元缩小到 2017 年的 317.6 亿元；同时，山东与浙江文化产业增加值的差距，由 2015 年领先 95.5 亿元变为 2017 年落后 184.3 亿元②，这不得不引起山东的重视和警觉。同时，山东龙头文化企业的数量较少，成长潜力大的新型文化业态企业更是匮乏。2019 年，山东仅有山东出版集团有限公司 1 家企业入围了第 11 届"全国文化企业 30 强"名单，在数量上远远落后于广东、浙江、北京等文化产业发达地区。在文化产业新业态领域，山东仅有浪潮集团股份有限公司、山东开创集团股份有限公司和山东海看网络科技有限公司 3 家企业入围《2019 年中国互联网企业 100 强》；在素有"新经济发展风向标"之称的独角兽企业领域，山东的文化企业更是无一入围《2020 中国独角兽企业榜单 TOP100》（见表 3-8）。由此可见，山东无论是在文化产业规模增长速度，还是在龙头文化企业的培育方面，都与文化产业发达省份的差距越来越大，这些都反映了山东文化产业转型升级的必要性和紧迫性。

表 3-8 2020 中国独角兽企业榜单

排名	企业名称	成立时间	所在地区	估值（亿元）
1	字节跳动	2012 年 3 月	北京	5200

① 张洋. 举旗帜 聚民心 育新人 兴文化 展形象 更好完成新形势下宣传思想工作使命任务 [N]. 人民日报，2018-08-23（001）.

② 张仲梁，高书生. 2018 中国文化及相关产业统计年鉴［M］. 北京：中国统计出版社，2018.

排名	企业名称	成立时间	所在地区	估值（亿元）
2	快手科技	2015 年 3 月	北京	1980
3	知乎	2011 年 6 月	北京	240
4	喜马拉雅	2012 年 8 月	上海	240
5	新潮传媒	2007 年 4 月	成都	140
6	一点资讯	2013 年 8 月	北京	100
7	花椒直播	2014 年 12 月	北京	85

资料来源：传媒娱乐领域。

3.4.2 转变文化产业发展方式的关键所在

作为一种新的财富创造形态，文化产业的生成和发展动力来自于文化生产力。文化生产力主要是以文化资源生产和再生产的文化经济方式作为财富增长的途径，不仅会造成资源的消耗和环境的污染，而且会不断创造出新的文化资源，为文化产业的生产提供源源不断的原材料。同时，文化产业具有较强的经济渗透性特征，因此文化产业转型升级又是以"文化+科技"的形式渗透到产业生产链的方方面面，通过产业附加值的提升来推动产业转型升级。所以文化产业不仅改变了世界各国经济增长与经济发展的动力结构与动力形态，而且它的转型升级还为文化产业发展方式的转变提供了新的契机。作为战略性新兴产业的文化产业，它的转型升级是文化创意与科技创新的有机融合，在此过程中将会释放出新的发展动力，文化产业发展将会由资源驱动、政策驱动向创意创新驱动转变，进而直接影响了产业发展方式的根本转变。

山东经济具有"大象经济"的典型特征，总量大、规模大、盘子大，但大而不强，山东文化产业也与山东经济具有相似之处，存在着许多制约高质量、高效益发展的深层次问题。在经济发展方式变革和经济结构转型的关键时期，山东明确将文化创意产业列为新旧动能转换未来重点布局的十大产业之一，这表明了文化产业在经济发展中的重要战略地位。因此，推动文化产业转型升级不仅能够实现全省文化产业结构的优化和升级，而且能够推动山东由"文化大省"向"文化强省"迈进。山东文化产业的转型升级不仅能够以创新为核心来引领产业价值链延伸，而且可以通过与其他产业的多向交互融合为文化产业的新旧动能转换提供新的动力源泉，通过将现代科技与文化创意巧妙融合，形成"文化创意+

科技创新"的新兴发展方式，促进文化产业结构的高度化和合理化，进而构建新型的现代文化产业体系，最终真正实现文化产业发展方式的转变。

3.4.3　提升产业竞争力的必由之路

如前所述，尽管山东是文化资源大省，但是并非是文化产业强省。对于山东而言，尽管文化产业增加值及占 GDP 有明显提升，但是世界经济已进入调整期，国内经济发展也呈现出"四期叠加"① 的特征，这些因素对山东文化产业发展环境均会带来深刻的影响。面对"新常态"的经济发展形势，山东只有大力推进文化产业转型升级，才能实现产业竞争力的有效提升。当然，产业竞争力的提升，既体现为以经济效益为导向的市场竞争力的提高，又表现为以社会效益为导向的文化影响力的扩大。

文化产业的市场竞争力主要体现为区域内文化生产和服务的能力，这种能力是以内容为核心、以创新为灵魂的。当前，山东文化产业整体实力偏弱的根源在于创新能力不足，无法提供满足市场需求的文化产品和服务。因此，山东文化产业转型升级的首要目标就是解决创新能力不足的问题，唯有如此，才能在激烈的市场竞争中占据有利位置。将科技创新融入文化产业运行的各个环节中，不仅可以实现文化产业传统业态的改造和升级，而且能够催生出大量的文化产业新型业态。提高文化创意的能力，不仅能够增强文化产品和服务的吸引力，而且可以激发文化产业创新创业的活力。因此，将科技创新与文化创意融入山东文化产业转型升级的过程中，既可以增强文化产业的市场竞争力，又可以提升自身在全球产业价值链中的地位。

文化影响力的扩大是文化产业竞争力提升的又一表现，由"文化大省"向"文化强省"的迈进，是山东文化产业发展必须承担的重要使命。早在 2008 年，省政府就提出了实施"文化强省"的战略，2012 年又进一步提出了"打造区域性文化中心"的战略目标，这表明了山东高度的文化自信和文化自觉意识。无论是借助强劲的文化力量和文化实力参与激烈的文化竞争，还是通过文化要素的集聚来打造"区域性文化中心"，都需要提升山东文化的影响力、吸引力和感召力。如果说发展和壮大文化产业的实力和竞争力是提高山东文化竞争力和吸引力

---

① 　山东大学经济研究院院长、长江学者黄少安教授指出中国经济发展处于"四期叠加"阶段，即经济增长低谷期、增长速度换挡期、产业结构重大调整以及强刺激政策的消化和调整期。（黄少安．新旧动能转换与山东经济发展［J］．山东社会科学，2017（9）：101-108.）

的有效措施，那么推动文化产业转型升级就是建设"文化强省"和打造"区域性文化中心"的重要举措。因为，只有鼓励和支持文化产业的转型升级，才能通过构建现代文化产业体系激发山东文化创造的活力，才能提升山东的文化实力并建设成为真正的文化高地。

3.5 本章小结

本章主要从发展历程、基本现状、存在问题以及转型升级的必要性和紧迫性等层面系统分析了当前山东文化产业的发展现状。从总体上看，山东文化产业的发展在经历了萌芽、初步成长、快速扩张和全面提升4个阶段后，取得了巨大成就。通过对山东文化产业的行业状况、区域状况和市场状况的分析，我们可以发现，山东文化产业发展存在着大而不强、产业体系不完善、产业结构不合理以及产业创新度较低等问题，这些问题严重影响了山东文化产业竞争力的提升和可持续发展。因此，无论是从全球经济发展的宏观维度还是从山东区域经济发展的微观视角来看，文化产业转型升级已经成为克服和解决文化产业发展过程中各种矛盾与问题的重要选择。特别是对于山东文化产业的发展而言，转型升级显得尤为必要和迫切，它是提高文化产业发展质量的根本要求，是转变文化产业发展方式的关键所在，是提升产业竞争力的必由之路。

4 山东文化产业转型升级的
方向和速度测度

从产业经济学视角看，产业转型升级主要表现为由劳动密集型向资本与技术密集型转变的过程。借鉴其他产业转型升级的研究成果，本书认为，在文化产业转型升级的过程中，方向和速度可以更为准确地反映出转型升级的动态性特征。根据已有的研究成果，学术界通常会选择产业结构超前系数[①]和Lilien指数[②]分别测算转型升级的方向和速度。

4.1 山东文化产业转型升级方向测度

4.1.1 文化产业转型升级方向的测度模型

产业结构超前系数比经济系统发展趋势更能科学、准确地测度出产业转型升级方向的变动情况。因此，在对山东文化产业转型升级的研究中，可以通过产业结构超前系数来对转型升级的方向进行测度，从而对产业转型升级的水平做出分析和判断，如式（4-1）所示：

$$E_i = \frac{C_t}{C_i} - \sum R_t - R_i \tag{4-1}$$

[①] 高燕. 产业升级的测定及制约因素分析 [J]. 统计研究, 2006 (4)：47-49.

[②] 谭晶荣等. 产业转型升级水平测度及劳动生产率影响因素估测——以长三角地区16个城市为例 [J]. 商业经济与管理, 2012 (5)：73-76.

式中，E_i 为行业结构的超前系数，当 E_i 小于 1 时，表明山东文化产业转型升级的方向较差，远远落后于其他行业由劳动密集型向资本与技术密集型的转化进程；当 E_i 大于 1 时，表明山东文化产业转型升级的方向较好，文化产业转型升级能够达到预期的效果。C_t 为山东期末文化产业经济总量，C_i 为基期山东文化产业经济总量，R_t 为山东期末全行业平均增速，R_i 为基期山东全行业平均增速。通过测度文化产业的结构变化较之于整个经济环境的情况，从而对文化产业转型升级的水平进行测量。

4.1.2 文化产业转型升级方向的测度结果

在产业转型升级的过程中，劳动力的流动通常会反映行业结构出现由低级向高级的转化情况。因此，为了更为细致地描述文化产业的转型升级情况，按照技术的高低将文化产业行业部门划分为两种类型，即劳动密集型产业（为实现文化产品的生产活动所需的文化辅助生产和中介服务、文化装备生产和文化消费终端设备生产等活动）、资本与技术密集型产业（为直接满足人们的精神需要而进行的创作、制造、传播、展示等文化产品的生产活动）。按照以上两个标准对其进行测度，能够更为透彻地反映出文化产业的结构变化情况，从而对其转型升级进行科学的测度。本书所选取的样本数据源自于 2010~2019 年山东文化和旅游厅、各地级市文化和旅游局政府工作年度报告、2010~2019 年山东统计年鉴，为了保证测算的科学性，剔除个别数据披露不完整的地区后将剩余地市的数据代入式中，得出山东文化产业的产业结构超前系数，测算结果如表 4-1 所示。

表 4-1　山东文化产业的产业结构超前系数

时间 地区	2010~2014 年		2015~2019 年		2010~2019 年	
类型	劳动力 密集型	资本与技术 密集型	劳动力 密集型	资本与技术 密集型	劳动力 密集型	资本与技术 密集型
济南	-1.25	3.27	-1.44	3.72	-1.34	3.495
青岛	-1.96	4.46	-0.33	5.84	-1.14	5.15
烟台	-2.15	2.52	-1.98	2.19	-2.06	2.35
日照	1.46	-0.18	1.23	0.06	1.34	-0.06
威海	-0.23	0.84	-0.11	0.91	-0.17	0.87

时间 地区	2010~2014 年		2015~2019 年		2010~2019 年	
类型	劳动力 密集型	资本与技术 密集型	劳动力 密集型	资本与技术 密集型	劳动力 密集型	资本与技术 密集型
潍坊	-0.82	1.84	-0.63	1.99	-0.72	1.91
临沂	5.44	-0.88	4.49	-0.23	4.96	-0.55
淄博	-0.77	1.75	-0.59	1.94	-0.68	1.84
枣庄	-1.23	0.25	-1.12	0.33	-1.17	0.29
德州	-0.06	0.72	0.14	0.77	0.04	0.74
聊城	0.82	0.14	0.77	0.22	0.79	0.18
泰安	-0.53	1.43	-0.48	1.62	-0.50	1.52
济宁	-0.47	1.47	-0.41	1.51	-0.44	1.49
东营	-2.44	4.33	-1.47	4.62	-1.955	4.47
山东	-0.2277	1.538	-0.0623	1.8033	-0.1442	1.6684

资料来源：作者自行整理。

从时间维度上看，如表4-1所示，山东文化产业内部资本与技术密集型行业结构演进较快，而劳动密集型行业结构演进相对较慢，表明全省各地区初步开始尝试文化产业的转型升级工作。2010~2014 年，日照、临沂、聊城的劳动力密集型文化产业的超前系数为正数，分别为 1.46、5.44 和 0.82，表明上述三市的劳动力密集型文化产业存在明显的超前发展，与之相反，其他地市的系数为负数，这意味着这些地区的劳动力密集型文化产业发展相对滞后（见图4-1）；同时，在资本与技术密集型文化产业超前系数方面，日照和临沂两市的系数为负数，说明这两个地区该类型的文化产业发展较为滞后，与之相反，山东其他地区的发展则较为超前，这也和当前文化产业发展的总体趋势相一致（见图4-2）。2015~2019 年，与 2010~2014 年的数据相比，全省各地的劳动力密集型文化产业以及资本与技术密集型文化产业的超前系数基本上都有所提升，这表明各地区文化产业的发展态势总体向好。从全省的综合情况来看，青岛、济南、烟台、潍坊、东营、淄博等地区在资本与技术密集型文化产业方面发展较好，日照、临沂等地区在劳动力密集型文化产业方面发展势头较为强劲。

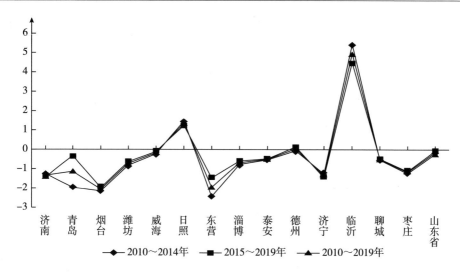

图4-1 山东及各地市劳动密集型文化产业行业结构超前发展系数

资料来源：作者自行整理。

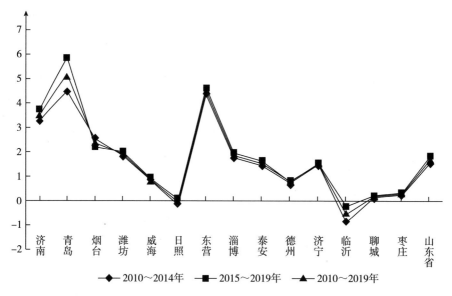

图4-2 山东及各地市资本与技术密集型文化产业行业结构超前系数

资料来源：作者自行整理。

　　同时，从全省总体发展状况来看，山东劳动力密集型文化产业行业结构超前系数为负数，2010~2014年为-0.2277，2015~2019年上升到-0.0632，总体上升幅度不大，这就需要提高文化产业从业人员的专业技能和综合素质；资本与技术密集型文化产业行业结构超前系数由 2010~2014 年的 1.538 上升到 2015~2019 年的 1.8033，上升的幅度明显大于劳动密集型文化产业，这表明该类型的文化产业发展较快。此外，全省资本与技术密集型文化产业行业结构超前系数和济南、青岛、东营等市的系数相比差距较大，这说明了全省存在明显的地区文化产业发展不平衡的问题，需要政府的统筹规划来协调各地的发展。从宏观视角来看，在山东文化产业转型升级的方向上，2015~2019 年相较于 2010~2014 年，文化产业呈现出超前发展的特点，劳动密集型文化产业系数略有上升，而资本和技术密集型文化产业系数上升幅度较大，应该将后者作为山东文化产业转型升级的主要方向（见图 4-2、图 4-3）。

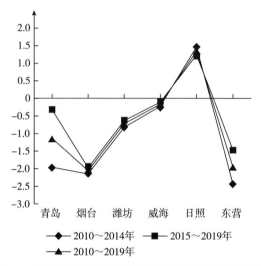

图 4-3　山东东部沿海地区劳动密集型行业结构超前系数

　　从空间维度来看，山东东部沿海地区除个别地市外，其他地市的劳动密集型文化产业以及资本与技术密集型文化产业超前发展系数均呈现出逐年上升的趋势。与 2010~2014 年相比，2015~2019 年山东东部沿海地区只有日照的劳动密集型文化产业行业结构超前发展系数呈现出一定的下降趋势（见图 4-3），烟台则在资本与技术密集型文化产业结构超前发展系数方面有一定的下降，但是，其系数也大于 2（见图 4-4）。总体来看，2010~2019 年山东东部沿海地区除日照外，其他地市在资本与技术密集型文化产业行业结构超前发展系数均为正数。与山东东部沿海地区的数据相似，山东西北地区各地市的资本与技术密集型文化产业超前发展系数也呈现出逐年上升的趋势（见图 4-5）。但是，济南的劳动密集型文

化产业行业结构超前发展系数有一定程度的下降（见图4-6）。总体来看，山东
西北地区，济南在资本与技术密集型文化产业方面存在超前发展的态势，德州则
在劳动密集型文化产业方面存在超前发展的态势。山东西南地区，各地市的资本
与技术密集型文化产业超前发展系数都呈现出逐年上升的趋势（见图4-7），济
宁的资本与技术密集型文化产业行业结构超前发展系数最高，临沂劳动密集型文
化产业行业结构超前系数较高（见图4-8）。总之，山东沿海地区在资本与技术
密集型文化产业方面超前发展态势比内陆地区突出，内陆地区在劳动密集型文化
产业方面超前发展态势则优于沿海地区。

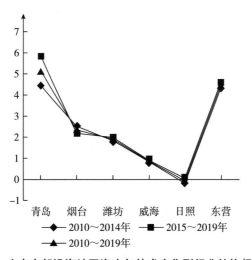

图4-4　山东东部沿海地区资本与技术密集型行业结构超前系数

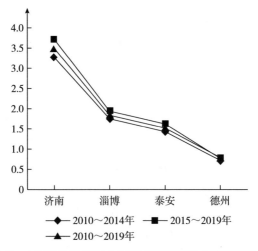

图4-5　山东西北地区资本与技术密集型行业结构超前系数

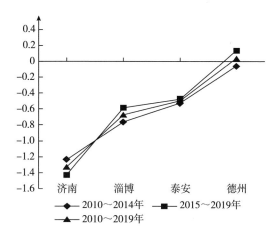

图 4-6　山东西北地区劳动密集型行业结构超前系数

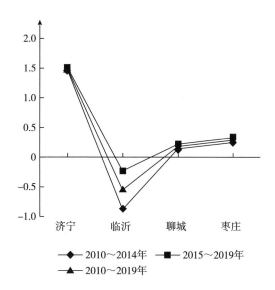

图 4-7　山东西南地区资本与技术密集型行业结构超前系数

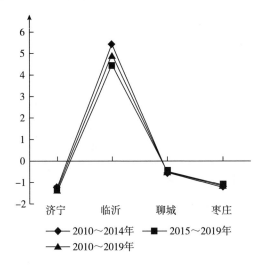

图 4-8　山东西南地区劳动密集型行业结构超前系数

4.2　山东文化产业转型升级速度测度

4.2.1　文化产业转型升级速度的测度模型

正如前文所言，根据产业结构理论的观点，劳动力在不同产业之间流动的过程中，会逐步向生产效率更高的行业部门转移，因此劳动力在不同产业间的流动情况通常被用来测度转型升级速度。在山东文化产业转型升级的速度方面，随着生产力水平的提高和科学技术条件的不断改善，劳动力逐渐从生产效率较低的文化产业行业部门转移到生产效率较高的文化产业行业部门，文化产业的转型升级正是生产效率不断转化和提高的结果。因此，本书选取了生产效率转化的 Lilien 模型，通过该模型来衡量文化产业转型升级的速度情况，Lilien 公式如式（4-2）所示：

$$\phi_t = \left[\sum_{i=1}^n \frac{EMP_{i,t}}{TEMP_{i,t}} (\nabla \log EMP_{i,t} - \nabla \log TEMP_{i,t})^2 \right]^{0.5} \tag{4-2}$$

式中，$EMP_{i,t}$ 代表文化产业在 t 时刻的就业人数总数，$TEMP_{i,t}$ 代表文化产业总的就业人数，i 代表山东内各个不同的地市。ϕ_t 越大，则代表 t 时间节点文化产业劳动力的流动情况也就越快，相应的文化产业转型升级的速度也就越快。

4.2.2 文化产业转型升级速度的测度结果

为更好地反映山东文化产业转型升级的动态性特征，本书以 Lilien 指数来具体测度山东文化产业转型升级的速度指标。同时，所选取的样本数据源自于 2010~2019 年山东文化和旅游厅与各地级市文化和旅游局政府工作年度报告以及 2010~2019 年的山东统计年鉴，为了保证测算的科学性，剔除个别数据披露不完整的地区后将剩余地市的数据代入式中，得出山东文化产业转型升级速度的 Lilien 值，如表 4-2 所示。

表 4-2 山东文化产业转型升级速度 Lilien 值

时间 地区	2010~2014 年	2015~2019 年	2010~2019 年
济南	0.162	0.194	0.201
青岛	0.184	0.226	0.237
烟台	0.155	0.178	0.194
日照	0.071	0.088	0.080
威海	0.106	0.129	0.121
潍坊	0.149	0.174	0.171
临沂	0.074	0.076	0.076
淄博	0.133	0.186	0.177
枣庄	0.105	0.134	0.119
德州	0.099	0.118	0.106
聊城	0.087	0.109	0.096
泰安	0.117	0.134	0.128
济宁	0.129	0.163	0.175
东营	0.162	0.189	0.177
山东	0.1252	0.1511	0.1492

资料来源：作者自行整理。

为了更为直观地表现山东全省及各地市文化产业转型升级的速度，本书根据

表4-2中的数据绘制成更为直观的图4-9。根据图4-9的折线变化可以清晰地发现，无论是山东全省的总体情况，还是各个地市的情况，2015~2019年的Lilien指数相较于2010~2014年的Lilien指数均呈现出明显的提升，这说明山东文化产业转型升级的速度在2015年后明显加快。2015年之前，文化产业转型升级速度最快的地市有济南、青岛、烟台、东营等地区；而日照、临沂、聊城、德州等地区的表现不明显，文化产业转型升级速度与前者相比，较为缓慢。2015年后，全省文化产业转型升级的速度都有了明显的提升，尤其是济南、青岛、淄博、东营等地区，Lilien指数均超过了0.18。同时，从宏观角度看，山东各地市文化产业转型升级的速度呈现出一定程度的差异性，全省总体的Lilien指数受到头部的青岛、济南、烟台、潍坊等地区的影响较大。其中，青岛文化产业转型升级的速度最快，其Lilien值最高，达到了0.237，而临沂市Lilien值最低，Lilien值仅为0.076。具体的排名为青岛、济南、东营、烟台、潍坊、淄博、临沂、泰安、威海、德州、聊城，这些地区文化产业转型升级的速度情况基本与当地的经济发展状况一致，即经济较为发达地市的文化产业转型升级速度要高于经济次发达地市。此外，2010~2019年，山东全省的Lilien值为0.1492，远低于济南、青岛、烟台、潍坊、淄博、济宁、东营等地区，这主要是受日照、临沂、聊城等文化产业转型升级速度较为缓慢地区的影响，这表明了山东文化产业转型升级的艰巨性，因此更需要通过多种措施努力缩小各地区之间经济发展水平的差距，进而实现全省文化产业转型升级速度的稳步提升。

从空间维度看，东部地区Lilien指数变化差异性较大。与2010~2014年相比，2015~2019年东部沿海地区中青岛的Lilien指数最高，文化产业劳动力流动速度加快，而日照的Lilien指数较低，文化产业劳动力流动速度较慢，具体如图4-10所示。与东部沿海地区相比，山东西北地区文化产业Lilien指数上升势头较弱。与2010~2014年相比，2015~2019年山东西北地区中所有地市的Lilien指数不高，文化产业劳动力转移速度较为缓慢；2010~2019年山东西北地区中济南的Lilien指数最高，而德州最低，如图4-11所示。山东西南地区中，所有地区的Lilien指数均不高。与2010~2014年相比，2015~2019年山东西南地区中济宁市的文化产业内部劳动力转移速度较快，而临沂市的文化产业内部劳动力转移速度较慢，如图4-12所示。

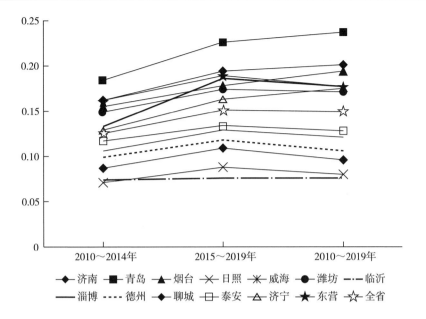

图 4-9 山东文化产业转型升级分阶段速度

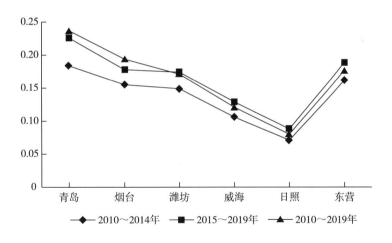

图 4-10 山东东部沿海地区文化产业 Lilien 指数

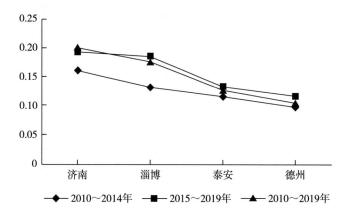

图 4-11 山东西北地区文化产业 Lilien 指数

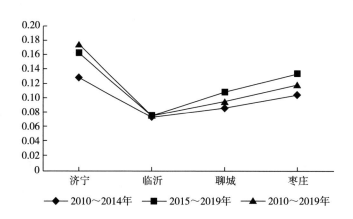

图 4-12 山东西南地区文化产业 Lilien 指数

4.3 本章小结

本章利用产业结构超前系数和 Lilien 指数分别测算了山东文化产业转型升级的方向和速度。在山东文化产业转型升级方向方面,2015~2019 年相较于 2010~2014 年,全省文化产业呈现出超前发展的特点,劳动力密集型文化产业系数明显下降，而资本和技术密集型文化产业系数明显上升。青岛、济南、烟台、潍坊、东营、淄博等地区在资本与技术密集型文化产业方面发展较好，日照、临沂等地区在劳动力密集型文化产业方面发展势头较为强劲。全省资本与技术密集型文化产业的超前系数和济南、青岛、东营等市的系数相比差距较大，表明全省存在明显的地区文化产业发展不平衡的问题。在山东文化产业转型升级速度方面，济南、青岛、烟台、东营等地区文化产业转型升级的速度明显高于其他地区，而日照、临沂、聊城、德州等地区文化产业转型升级的速度较为缓慢，这与各地区的经济发展状况基本一致，即经济较为发达地市的文化产业转型升级速度要高于经济次发达地市。同时，尽管山东文化产业转型升级的速度在 2015 年后明显加快，但是全省总体的 Lilien 值低于济南、青岛、烟台、潍坊、淄博、济宁、东营等地区，这主要是受日照、临沂、聊城等文化产业转型升级速度较为缓慢地区的影响。从总体上看，山东文化产业转型升级的方向与速度测度结果表明，全省存在明显的地区文化产业发展不平衡的问题，东部沿海地区明显领先于中西部内陆地区，这需要政府的统筹规划来协调各地均衡发展。

5 山东文化产业转型升级的
动态演化与水平评价

5.1 山东文化产业转型升级的动态演化

5.1.1 文化产业转型升级动态演化的动因

文化产业是为满足人们的精神文化需求而形成和发展起来的,在发展过程中逐渐形成了符合文化发展规律和要求的产业运行规则,这是文化产业发展的基础。从这一点来看,文化产业的兴起和演进具有其自身的特点,它是建立在区域文化语境基础之上的,是特定区域内文化的时间性和空间性的生产、交换和消费。齐鲁大地孕育了丰厚的文化资源,孔孟文化、山东曲艺、鲁剧都是齐鲁文化的重要文化形态和文化产品,它们产生于由自然环境因素、历史人文因素等要素构成的独特空间区域内,从而构成了鲜明的区域性文化特质。先天性的自然禀赋优势奠定了文化产业发展的基础,特色效应的凸显促进了文化产业的集聚,这是山东文化产业发展的基本特征。但随着社会的发展、科技的进步以及受全球化趋势的影响,地域性文化消费需求也会出现许多变化,因此单纯依靠文化资源先天优势已经很难满足现代社会人们的文化需要,这就促使文化生产发生改变,这直接或间接地加快了文化产业的转型升级进程,形成了文化产业转型升级的现实压力。这是文化产业转型升级动态演化的主要动因。

文化产业转型升级的动态演化可从空间效率和时间概念上来分析①。空间效率是由区域因素决定的。正如前文所言，文化产品的交换行为古已有之，这就表明了文化产业的形成和发展具有突出的先天条件。在推进文化产业转型升级的过程中，区域内的异质性资源（如文化资源、人力资源、基础设施等）往往会发挥重要作用。首先，文化资源的基础性条件只是决定了文化产业发展潜力的大小，真正影响文化产业转型升级的是文化资源的产业转化能力。纵观世界文化产业的发展历史，我们可以发现，一些文化资源丰富的国家，他们的文化产业并不发达；相反，很多文化产业发达的国家（如美国等），却未必拥有丰富的文化资源②。当前，全球化的趋势早已打破了不同国家之间文化资源不平衡的局面，世界各国的文化企业都可以在尊重知识产权的前提下选取他国的文化资源进行创意生产。所以说，文化资源只是文化产业早期形成和发展的重要条件，文化产业一旦发展成熟壮大后，资本、市场、资源整合、产业链构建等文化资源的产业化方式，都会迫使文化产业不断地演化和升级。其次，创意活动是文化产业发展的必要前提，人是创意活动的主体，因此人力资源的优劣往往会影响文化产业转型升级的速度和方向。广义上的人力资源可以分为两种，即通用型人力资源（缺乏专业技术能力）和专业技能型人力资源（具有特殊的专业技能）。在文化产业转型升级的过程中，这两种类型的人力资源发挥的作用不尽相同，一旦出现更为廉价的通用型人力资源，就会促使劳动密集型文化企业产生流动行为，此时，专业技能型人力资源的数量及其创新能力则主导了文化产业转型升级的速度和方向。最后，基础设施的完善程度，是特定区域空间效率的重要体现，它直接影响着文化产业转型升级的动态演化过程。从运输成本理论的视角来看，对于交通基础设施较为发达的地区而言，便利的交通条件能够有效地缩短文化产业投资和创作之间的距离。需要注意的是，文化产品的物理空间运输主要存在于文化产业发展的早期阶段，科技的进步改变了文化产品的存在形态和运输方式，虚拟化的网络运输逐渐成为主流的运输方式，因此互联网等数字化基础设施的完善就显得尤为重要。所以说，发达地区完善的基础设施条件极大地增强了现实的易达性和连通性，易达性代表了进入文化产业的门槛，连通性则代表了文化产业与其他产业进行合作的外在条件，两者同时构成了文化产业转型升级的内在潜力。此外，完善

　　① 胡惠林．文化产业发展的中国道路——理论·政策·战略［M］．北京：社会科学文献出版社，2018：159.

　　② 张胜冰．文化资源学导论［M］．北京：北京大学出版社，2017：195.

的基础设施又会提升城市的生产生活条件，更有利于吸引创新要素和资本要素的聚集，进而提升文化产业的投资效率并推动文化产业持续朝着转型升级方向演化。综上所述，在文化产业转型升级动态演化的过程中，反映空间效率的区域因素发挥了重要的作用。因此，区域文化产业只有实现各种要素配给之间的平衡，才能最终促使文化产业转型升级的动态演化行为持续发生。

空间效率能够在一定程度上解释了文化产业转型升级的动态演化过程，但是绝非区域因素有利的地区都能完成文化产业的转型升级。除空间效率外，时间概念也是文化产业转型升级动态演化的重要动因。文化因时间而有价值，文化经济的发展具有时间适应性的特点，不同时间节点上的文化经济形态往往会建立相应的时空秩序，即文化产业集群或集聚区。从时间概念的角度分析，这种集聚主要受历史因素和专业化分工的影响。首先，历史因素在文化产业的发展中发挥了重要作用，文化产业的精神属性要求其必须注重历史文化的传承，对历史因素的循环积累会在产业内部产生规模效应。与此同时，政府的政策引导、规模经济所产生的资源共享等会进一步加剧产业集聚，这样不仅降低了文化产业要素投入的成本，而且还提升了知识共享和信息传播的能力，文化产业转型升级顺理成章地进入了演化运动的状态。其次，专业化分工的细化是科技进步的产物，它使文化产业从业人员的报酬呈现出递增的趋势，这就为文化产业的创新和转型升级奠定了人才基础。当然，专业化分工在提升创新效率的同时也在一定程度上增加了各项交易成本。众多小微型文化企业迫于交易成本、社会需求和资本逐利性需求的压力，不得不以大型文化企业为依托形成配套分工并进行合作生产，这就形成了文化产业的纵向分工。为了占据产业链的有利位置，各个文化企业都会极力提升自身产品的文化属性和创新属性，相应地也就带动了整个产业链的升级，这也是文化产业转型升级动态演化的具体表现。

5.1.2　基于动态演化的山东文化产业转型升级路径

山东文化产业转型升级的动态演化过程也是不同类型的文化产业行业之间以及各地市之间的竞合过程。同时，这种竞争和合作的趋势呈现出周期性协同演进的特征，其转型升级的路径在不同阶段也存在一定的差异性。在文化产业转型升级的初始探索阶段，个别文化市场相对为空白，各地市、各文化产业行业之间不存在相互竞争的关系。此时，文化产业主要通过产业创新来抢占市场，文化产业行业之间、文化产业与其他产业之间合作较少，文化产业上下游产业链之间仅仅有地理临近关系而无组织临近关系。随着文化产业转型升级的深入推进，文化产业的行业规模和企业数量激增，其内部开始出现了资源再分配、市场占有率竞争等方面的问题。此时，部分较为强势的文化企业为了巩固自身的市场地位，开始要求下游公司来为其提供衍生性服务，这就加剧了文化产业内部的竞争态势，进一步导致了文化产业上游产业和下游产业之间合作的不稳定性，因此，打造和培育原创的 IP，构建完整的产业链就成为此阶段文化产业转型升级的重要选择。在文化产业转型升级进入成熟稳定阶段时，各文化企业之间的关系逐渐趋于平衡，无论是产业链的供给还是最终的创造效益环节都较为稳定，因此寻求文化与科技、文化产业与相关产业的深度融合就成为此阶段的关键路径。综上所述，文化产业转型升级本质上就是一个不断博弈的动态演化过程，在不同阶段选择具有针对性的路径，对于转型升级的顺利推进就显得尤为重要。

5.1.2.1 初始探索阶段——产业创新

正如前文所述，在文化产业转型升级的初始探索阶段，各地市、各文化产业行业之间的竞合态势不明显，产业创新就成为该时期的主要路径。受经济发展和技术迭代的影响，文化产业始终处于产业变动的状态中，因此培育文化产业新兴业态和构建新型文化产业商业模式势在必行（见图 5-1）。从当前山东文化产业转型升级来看，需要抓住新基建的有利契机，在改造出版、演艺、影视等传统文化产业业态的过程中，利用 5G、人工智能、工业互联网、物联网等高新科技成果，以数字化、信息化、网络化的方式对传统文化产业业态进行改造，提升其创意水平、技术含量和功能属性，进而带动文化产业的创新发展。在培育文化产业新业态的过程中，山东既要利用新技术、新成果培育互联网平台与信息服务、数字内容设计与制作等新业态，也要发挥自身在传统制造业方面的优势，大力发展服务于文化消费体验的智能设备制造等行业。同时，文化产业业态的创新，也会相应地催生出新的文化产业商业模式。科学技术的迭代更新不仅为文化产业的发展带来了新载体，而且也更加凸显了平台与内容在文化产业新型商业模式中的关键作用与核心地位。从虚拟经济的角度看，一方面，围绕微信公众号、直播或网红频道等互联网平台，逐步打造出多个文化产业子行业的频道，形成多个小平台的互联网垂直商业模式；另一方面，利用电商平台，通过文化内容的包装和文化内涵的渗透，提升传统产品的文化附加值，进而形成文创电商商业模式。从实体经济的角度看，一方面，利用现有的产业园区或孵化基地，将创业者、投资者、创业指导、创业资源融为一体，形成新的众创空间商业模式；另一方面，利用现有的文化地产项目,借助资本运作等方式将轻资产部分剥离出来,形成"沉浸式+"的新型文化旅游商业模式。

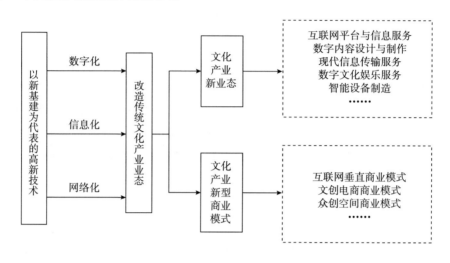

图 5-1 产业创新路径示意

5.1.2.2 深入推进阶段——IP 产业链

在山东文化产业转型升级的深入推进阶段,伴随文化产业行业规模的扩张和企业数量的增加,在文化产业内部逐步打破了行业分立、地区孤立的局面,开始尝试构建完整的产业链,以拓展业务范围、延伸产品价值和增强自身的实力。特别是经历了文化产业转型升级的初始阶段后,部分文化产业核心企业逐渐形成了成熟的运作模式,积累了丰厚的资本,因此推动 IP(Intellectual Property)的孵化与全版权运营,依托优质的 IP 资源开展文化产业的全产业链开发,就成为该阶段的关键路径。当然,IP 的范畴极为宽泛,它可以是故事、概念、形象,甚至是一句话,但是它的全产业链运营是一个包含孵化培育、宣传运营、授权变现三大环节在内的复杂体系。在 IP 孵化培育阶段,需要在前期充分调研的基础上,挖掘传统文化资源中的优质 IP,进行故事创作和形象创意;在 IP 宣传运营阶段,结合前期策划的 IP 故事和形象的特点,进行影视作品、动漫游戏等文化产品的深度开发,通过多渠道的宣传营销将 IP 产品推向市场;在 IP 授权变现阶段,深入挖掘 IP 的衍生价值,开发实景娱乐、玩具、生活用品等实物用品,逐渐形成具有较高影响力的企业 IP,最终实现 IP 的多渠道变现。综上所述,由 IP 到 DP(Derivative Products)的过程(见图 5-2),本质上就是基于优质 IP 的文化产业全产业链开发的过程，在这一过程中，不仅丰富了 IP 的文化内涵，而且可以由单个 IP 的开发逐渐形成系列 IP 的打造，从而达到延伸和拓展文化产业价值链的目标。

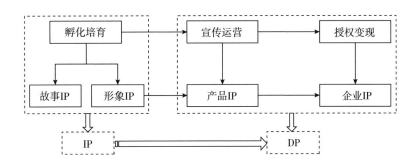

图 5-2　IP 产业链路径示意

5.1.2.3　成熟稳定阶段——深度融合

在山东文化产业转型升级的成熟稳定阶段，各文化企业之间的关系逐渐趋于平衡，产业链的构建较为完整，探索文化与科技、文化产业与相关产业的深度融合就成为巩固文化产业转型升级成果和提升文化产业发展质量的主要路径（见图5-3）。从文化与科技融合的视角看，充分调研、收集和整理传统文化资源的数据资料，利用先进的科技成果加速传统文化资源的数字化产品的开发与运营，推动文化资源与创意内容的高效融合，通过运用以影音图像内容的拍摄与制作、后台操作与管理、信息传输与版权保护、内容监控与终端播放等为代表的新技术，提高文化产品生产制作、传导输出、经营管理、消费展示等方面的科技水平，从而发掘传统文化资源的当代价值，让历史文化在当代社会焕发出新活力。从文化产业与相关产业融合的视角看，充分利用山东在制造业、旅游业和农业等方面的基础优势，推进文化产业与制造业、文化产业与旅游业以及文化产业与休闲农业的深度融合。在此过程中，首先，需要在充分调研和科学论证的基础上，以此判断产业融合的可能性、可行性和可操作性；其次，对不同产业的核心价值进行重组、整合与创新，构建产业融合的新方式；最后，根据产业融合的现实需要进行文化产业与相关产业融合的具体实践，重塑新的业务流程和产业价值链。需要注意的是，文化与科技融合以及文化产业与相关产业的融合，两者需要协同互动、相互渗透，贯穿整个文化产业链中，以此取得深度融合的效应。

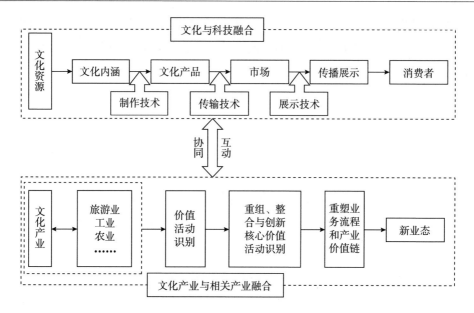

图 5-3 深度融合路径示意

5.2 山东文化产业转型升级水平的评价

5.2.1 文化产业转型升级水平评价指标体系的构建

对山东文化产业转型升级的水平进行科学评价,具有重要的理论和实践意义。因此,在构建评价指标体系的过程中,各项指标的选取要尽量满足具有代表性和可获取性的要求,为确保其权威性和有效性,使得指标体系更能科学地反映出山东文化产业转型升级的实际水平。本书参考了部分学者对不同行业转型升级水平评价指标体系的理论构建、维度选择与指标选取。宋洋洋和辛婷婷(2019)在构建文化产品品牌评价指标体系的过程中,确立了市场表现、社会效益、消费者互动以及企业实力 4 个一级指标并进行实证评价[①];李丽梅(2019)则选取服

---

① 宋洋洋,辛婷婷. 文化产品品牌评价指标体系构建与实证 [J]. 统计与决策,2019,35 (21):50-53.

务设施、需求潜力、经营绩效和支持环境4个一级指标，构建了我国休闲产业发展评价的指标体系①；王家明等（2019）在分析山东文化产业竞争力的过程中，将市场拓展能力、成本控制能力、整体创新能力和可持续发展能力作为文化产业竞争力评价指标体系的一级指标，在此基础上构建了产业实力、产业效益、产业关联、产业资源、产业能力、产业潜力、产业环境、产业结构8个二级指标②；孙怡帆等（2016）为了分析基本公共服务与经济发展水平之间的关系，建立了投入、均衡、便捷、满意度4个基本公共服务绩效评价的指标体系③；魏扣（2013）为了评估创新型企业开展知识管理的效果，构建了以知识管理架构、知识管理过程和知识管理绩效3个一级指标的创新型企业知识管理评价指标体系④。本书在充分借鉴这些研究成果的基础上，结合山东文化产业转型升级的现状与需要，对各个指标的可获得性与权威性进行了具体分析，最终确定了产业整体实力升级、产业整体效益升级、产业资源升级、产业结构升级与产业环境升级5个评价维度，具体的二级指标如表5-1所示。

表5-1　山东文化产业转型升级水平评价指标体系

目标层	一级指标	二级指标
山东省文化产业转型升级水平评价指标体系	产业整体实力升级	山东文化产业占 GDP 比重
		山东文化产业占第三产业比重
		山东文化服务年出口量
	产业整体效益升级	上映原创电影、话剧数量
		文化产业员工占所有岗位数量
		人均文化投资量
		文化产业员工平均薪酬
	产业资源升级	博物馆、电影院数量
		艺术家数量

①　李丽梅.我国休闲产业发展评价指标体系构建研究［J］.湖北理工学院学报（人文社会科学版），2019，36（5）：1-7+34.

②　王家明，丁浩，李红.山东文化产业竞争力指标体系及实证评价研究［J］.甘肃科学学报，2019（4）：121-128+136.

③　孙怡帆，杜子芳，邢景丽.基本公共服务绩效评价指标体系的构建［J］.统计与决策，2016（5）：43-45.

④　魏扣.创新型企业知识管理评价指标体系构建及其优化［J］.知识管理论坛，2013（12）：10-17.

续表

目标层	一级指标	二级指标
山东省文化产业转型升级水平评价指标体系	产业结构升级	山东颁布文化产业相关条文
		文化产业投资相对第三产业占比
	产业环境升级	山东人均每日互联网使用时长
		文化产业投资总额

5.2.2　文化产业转型升级水平的测算

在构建山东文化产业转型升级水平评价指标体系的基础上，通过 Spearman 检验，对指标体系进行优化并形成新的评价指标体系。然后运用层次分析法和熵值法对各项指标权重进行赋值，最终测算出山东文化产业转型升级的水平。对于以上的定序变量来说，通常情况下采用等级相关来进行测度，在等级评价中，选取统计学家 Spearman 的统计公式，进行 Spearman 检验，如式（5-1）所示：

$$R = 1 - \frac{5\sum_{i=1}^{N} D_i^2}{N(N^2 - 1)} \tag{5-1}$$

Spearman 检验结果如表 5-2 所示。

表 5-2　各二级指标 Spearman 检验结果

二级指标	Spearman 检验结果
山东文化产业占 GDP 比重	0.77
山东文化产业占第三产业比重	0.79
山东文化服务年出口量	0.52
上映原创电影、话剧数量	0.89
文化产业员工占所有岗位数量	0.61
人均文化投资量	0.74
文化产业员工平均薪酬	0.64
博物馆、电影院数量	0.92
艺术家数量	0.95
山东颁布文化产业相关条文	0.86
文化产业投资相对第三产业占比	0.79
山东人均每日互联网使用时长	0.69
文化产业投资总额	0.81

本书确定的 R 的临界值大小为 0.65，山东文化服务年出口量和文化产业员工平均薪酬两项二级指标的 Spearman 检验结果因未达到 0.65 的临界值而被排除。故而，新的文化产业转型升级水平的评价指标体系由 5 个维度和 11 项指标构成。

在完成 Spearman 检验后，需要对新的指标进行赋权，考虑到单一的客观赋权不能体现出指标所指代的具体情况，而在进行权重计算时，可能会由于权重问题导致计算结果和指标的实际差距过大。同时，通过一种方式来对各项指标进行赋权可能会导致主观性太强，容易造成赋权结果不准的问题。因此，本书通过主客观相结合的赋权方法，从而得到较为科学准确地衡量山东文化产业转型升级实际情况的指标权重体系。故本书通过熵值法和 AHP 层次分析法相结合的方法来对各项指标进行赋权，从而形成综合权重，综合权重有效避免了单一的赋权而导致权重计算不准确的弊端。本书采用的综合权重计算公式如式（5-2）所示：

$$W_{综合} = \alpha W_{主观} + \beta W_{客观} \tag{5-2}$$

且 $\alpha + \beta = 1$，式中，α 代表层次分析法的权重系数，β 代表熵值法的权重系数，见式（5-3）。

$$W_{主观} = \frac{1}{n} \sum_{j=1}^{n} \frac{\alpha_{ij}}{\sum\limits_{k=1}^{n} \alpha_{kj}}, \ 其中 \ i = 1, 2, 3 \cdots 11 \tag{5-3}$$

其具体的计算逻辑为按照指标体系对其进行归一化处理，求出 $\dfrac{\alpha_{ij}}{\sum\limits_{k=1}^{n} \alpha_{kj}}$。

随后将归一化处理后的数据进行相加，再除 n 得出最终权重向量大小。

首先，熵值法需要进行数据的归一化处理，$P_{ij} = \dfrac{X_{ij}}{\sum\limits_{i=1}^{m} X_{ij}}$，得到 P_{ij}，即规范化矩阵。

其次，对各个指标的熵值大小进行计算，$e_j = -k \sum\limits_{i=1}^{m} \ln p_{ij}$，其中 $k = \dfrac{1}{\ln m}$，$0 < e < 1$。

再次，差异性的计算，即 $d_j = 1 - e_j$。

最后，计算各个指标的权重，计算公式见式（5-4）：

$$W_j = \frac{d_j}{\sum\limits_{j=1}^{m} d_j} \tag{5-4}$$

本书认为，层次分析法与熵值法同等重要，因此设 $\alpha = \beta = 0.5$，最终的权重计算结果如表 5-3 所示。

表 5-3　各指标权重计算结果

二级指标	编号	综合权重
山东文化产业占 GDP 比重	X11	0.0494
山东文化产业占第三产业比重	X12	0.0471
上映原创电影、话剧数量	X21	0.142
人均文化投资量	X22	0.0943
文化产业员工平均薪酬	X23	0.0817
博物馆、电影院数量	X31	0.137
艺术家数量	X32	0.116
山东颁布文化产业相关条文	X41	0.101
文化产业投资相对第三产业占比	X42	0.0749
山东人均每日互联网使用时长	X51	0.0744
文化产业投资总额	X52	0.0822

随后，通过因子分析法对以上各项指标进行处理，处理过程如图 5-4 所示。

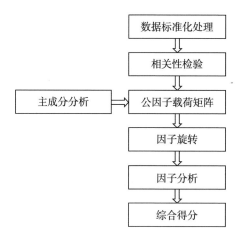

图 5-4　因子分析流程

本书对相关的统计数据进行标准化处理后再进行相关性检验，检验结果如表 5-4 所示。

表5-4 相关性检验结果

指标		上映原创电影、话剧数量	人均文化投资量	文化产业员工平均薪酬	博物馆、电影院数量	艺术家数量	山东颁布文化产业相关条文	山东人均每日互联网使用时长	文化产业投资总额
相关性	上映原创电影、话剧数量	1.000	0.946	0.966	0.899	0.700	0.734	0.916	0.947
	人均文化投资量	0.946	1.000	0.950	0.988	0.703	0.739	0.993	1.000
	文化产业员工平均薪酬	0.966	0.950	1.000	0.905	0.672	0.680	0.934	0.950
	博物馆、电影院数量	0.899	0.988	0.905	1.000	0.748	0.714	0.994	0.987
	艺术家数量	0.700	0.703	0.672	0.748	1.000	0.420	0.719	0.699
	山东颁布文化产业相关条文	0.734	0.739	0.680	0.714	0.420	1.000	0.711	0.743
	山东人均每日互联网使用时长	0.916	0.993	0.934	0.994	0.719	0.711	1.000	0.992
	文化产业投资总额	0.947	1.000	0.950	0.987	0.699	0.743	0.992	1.000

注：山东文化产业占 GDP 比重、山东文化产业占第三产业比重、文化产业投资相对第三产业占比三项指标部分年份不全未列入相关性检验之中。

在完成相关性检验后，随后进行主成分提取，各个因子的累积方差贡献情况如表5-5所示。

表5-5 累积方差贡献

成分（排名）	方差占比（%）	总计占比（%）	总计
X11（1）	17.35	17.35	4.372
X12（2）	16.21	33.56	3.819
X21（3）	16.23	49.89	3.397
X22（4）	15.11	65.00	3.099

成分（排名）	方差占比（%）	总计占比（%）	总计
X23（5）	12.64	77.64	2.652
X31（6）	8.41	86.05	2.437
X32（7）	5.27	91.32	2.054
X41（8）	4.39	95.71	1.528
X42（9）	2.66	98.37	1.047
X51（10）	1.48	99.85	0.833
X52（11）	0.15	100	0.000

随后，本书对其公因子旋转载荷矩阵进行了计算，计算如式（5-5）所示：

$$X = AF + \varepsilon \tag{5-5}$$

其中，$X = (X_{11}, X_{12}, \cdots, X_{51}, X_{52})$，$F$ 为公因子，A 为因子载荷矩阵，ε 为特殊因子。随后对因子载荷矩阵进行旋转，其旋转结果如表5-6所示。

表5-6　旋转后的因子载荷矩阵

编号	因子1	因子2	因子3
X11	0.817	0.223	0.238
X12	0.773	-0.244	-0.172
X21	0.832	-0.048	-0.433
X22	0.737	0.823	0.729
X23	0.256	0.474	0.148
X31	0.448	0.019	-0.049
X32	-0.323	0.148	-0.438
X41	0.628	-0.362	0.662
X42	0.251	0.761	0.171
X51	0.398	0.642	-0.414
X52	-0.149	0.392	0.283
均值	0.424	0.257	0.066

因此，根据旋转后的因子载荷矩阵计算结果，山东文化产业转型升级水平评价的综合得分计算见式（5-6）：

$$F = 0.424F_1 + 0.257F_2 + 0.066F_3 \tag{5-6}$$

山东文化产业转型升级水平综合评价得分如表5-7所示。

表5-7 山东文化产业转型升级水平综合评价得分

地区	2010年	2011年	2012年	2013年	2014年	2015年	2016年	2017年	2018年	2019年	最大值	最小值	均值	方差
济南	0.90	0.99	1.09	1.13	1.19	1.31	1.42	1.49	1.53	1.54	1.54	0.90	1.259	0.049
青岛	1.47	1.53	1.57	1.64	1.77	1.76	1.87	2.00	2.03	2.04	2.04	1.47	1.768	0.041
烟台	0.52	0.53	0.63	0.66	0.68	0.82	0.97	1.06	1.04	1.21	1.21	0.52	0.812	0.054
日照	-0.22	-0.24	-0.20	-0.12	-0.00	-0.01	0.21	0.18	0.20	0.36	0.36	-0.24	0.009	0.042
威海	0.08	0.16	0.17	0.26	0.31	0.32	0.37	0.64	0.64	0.96	0.96	0.08	0.403	0.075
潍坊	0.31	0.32	0.42	0.46	0.47	0.61	0.86	0.87	0.83	1.07	1.07	0.31	0.622	0.064
临沂	-0.52	-0.48	-0.43	-0.32	-0.30	-0.21	-0.17	-0.10	-0.04	0.06	0.06	-0.52	-0.251	0.034
淄博	0.42	0.47	0.53	0.60	0.62	0.72	0.84	0.96	0.98	1.05	1.05	0.42	0.719	0.046
枣庄	-0.45	-0.26	-0.12	0.07	0.11	0.18	0.21	0.24	0.30	0.31	0.31	-0.45	0.064	0.06
德州	-0.06	0.03	0.05	0.13	0.18	0.24	0.43	0.43	0.47	0.52	0.52	-0.06	0.242	0.039
聊城	-0.06	0.02	0.10	0.25	0.30	0.46	0.48	0.53	0.67	0.67	-0.06	0.279	0.056
泰安	-0.23	-0.15	-0.12	-0.04	0.07	0.30	0.37	0.54	0.73	0.72	0.72	-0.23	0.219	0.119
济宁	0.36	0.46	0.47	0.58	0.61	0.66	0.73	0.88	0.97	0.94	0.97	0.36	0.658	0.037
东营	-0.47	-0.05	-0.36	-0.09	0.10	-0.17	0.05	0.07	0.46	0.22	0.46	-0.47	-0.024	0.066
总体	0.192	0.276	0.298	0.383	0.451	0.511	0.647	0.734	0.799	0.874	0.874	0.192	0.477	0.055

为了能够更为清晰地说明山东全省及各地市的文化产业转型升级水平状况，根据表5-7绘制了相应的柱状图，如图5-5所示。

在时间序列方面，通过对2010~2019年山东全省和各地市文化产业转型升级水平进行测算，我们可以发现，无论是全省的总体水平还是各地市的水平，都得到了普遍的提升。具体来看，济南、青岛两地的水平明显高于其他地区，处于遥遥领先的地位，烟台、潍坊、淄博和济宁4地紧随其后，威海、聊城、德州、泰安、枣庄、东营、日照、临沂低于全省平均水平。从具体的增长幅度来看，泰安市的转型升级水平变化幅度最大（-0.23~0.72），东营和日照两市紧随其后。尽管泰安、东营和日照3市文化产业转型升级的总体水平不高，但由于政府重视程度的提升、投资力度的增强和人才引进力度的加大，推动了本地区文化产业的迅速发展，加速了文化产业转型升级的速度，这对于提升当地文化产业转型升级的水平具有重要意义。同时，从全省的总体情况来看，山东文化产业转型升级水

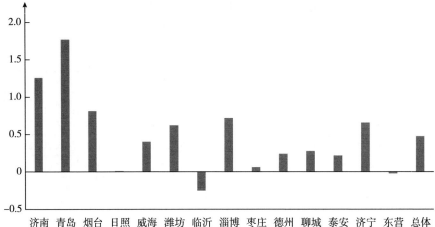

图 5-5　山东各市文化产业转型升级水平

平由 2010 年的 0.192 提升到 2019 年的 0.874，总体增长幅度较大，这不仅是发挥本省在文化资源、地理区位、经济基础、产业集聚等方面的优势的结果，而且也是政府在不断优化政策和营商环境方面取得的效果。

在截面数据方面，就 2018 年和 2019 年的数据来分析，各地市之间文化产业转型升级水平虽然有较大的差距，但是差距也在不断缩小。除临沂和日照外，其他地区的文化产业转型升级水平均为正数，这表明各地市越来越意识到文化产业的重要性，从而采取各种举措推动本地区文化产业的发展。在运用科技方面，青岛的文化产业转型升级的水平要远远大于包括济南在内的山东其他地市，青岛、济南继续领跑，第一梯队之后的烟台、济宁、淄博、潍坊追赶速度迅猛，特别是潍坊转型升级水平的提升最为明显。通过截面数据分析可知，山东文化产业转型升级正在有条不紊地进行，且转型升级水平的提升速度较稳定。

为了更为清晰地比较山东各地市文化产业转型升级的水平，笔者对其进行了梯队划分，划分结果如表 5-8 所示。第一梯队为青岛和济南，它们远远领先于第三名的烟台，从本书构建的评价指标体系来看，青岛整体的经济环境较好，其地理区位、经济基础、人力资源、产业基础、基础设施等方面的优势不容小觑；而济南则是山东的政治中心、文化中心，政策倾斜力度相对较大，不同层次、不同专业的高等院校数量较多，通过政策的有效扶持能够吸引大量文化产业相关从业人员聚集。第二梯队为烟台、淄博、济宁和潍坊，它们能够跻身于第二梯队，都有其独特的文化产业支撑。烟台结合当地的经济发展形势和资源条件，围绕葡萄酒文化大力推动文旅产业的融合发展，同时发挥国际服务外包的区位优势大力推动文化创意产业园区的建设；淄博充分利用历史文化名城的城市名片，举办齐文化节、书画长廊展览、文化创意版权设计大赛等活动，同时积极建设文化产业孵化器，这些举措极大地推动了当地文化产业的发展；济宁以三孔和 12 家文化产业生产基地为核心，通过加大文化项目招商引资、鼓励文艺精品创作与传统文化"双创"、提高公共文化服务供给质量、优化文化资源整合开发等举措，提升了当地文化产业发展的水平；潍坊以风筝节和 1532 文化产业园为纽带，以推动文旅融合的方式加速文化产业的转型升级。第三梯队为威海、聊城、德州和泰安，它们拥有一定的成本控制能力与可持续发展能力，但是其整体创新能力较弱，文化产业结构和产业发展环境较之第一、第二梯队存在明显的差距，因此可以从产业潜力、科技含量、人才引进等方面着手，缩短与其他地市的差距。第四梯队的枣庄、东营、日照和临沂，都存在各自的文化产业发展短板。枣庄属于典型的资源城市，第二产业是其主导产业；尽管东营的人均收入水平较高，但是其支柱性产业为第二产业，第三产业占比较低；日照因政策劣势，失去了转型升级的先机，文化产业转型升级的水平也就较低；临沂则由于人口众多的因素，文化产业多为劳动力密集型产业，科技含量较低，因此在后期的发展中，不仅需要提升文化产业从业人员的整体素质，而且要重视基础设施的建设和积极寻求政策的支持，以推动文化产业的转型升级。

表5-8　山东各地市文化产业转型升级水平梯队划分

梯度	城市
第一梯队	青岛、济南
第二梯队	烟台、淄博、济宁、潍坊
第三梯队	威海、聊城、德州、泰安
第四梯队	枣庄、东营、日照、临沂

5.3　本章小结

根据山东文化产业发展的现实状况，通过分析可以发现，山东文化产业转型升级的过程是不同类型的文化产业行业部门以及各地市之间的竞合过程，这种竞争与合作的趋势呈现出周期性协同演进的特征，因此在转型升级的初始探索、深入推进以及成熟稳定阶段需要相应地选取产业创新、IP 产业链以及深度融合的路径。然后，构建了山东文化产业转型升级水平的评价指标体系，最终确定了产业整体实力升级、产业整体效益升级、产业资源升级、产业结构升级与产业环境升级 5 个评价维度和 11 个评价指标。在完成指标体系的构建后，通过层次分析法和熵值法对各项指标权重进行赋值，从而对山东文化产业转型升级的实际水平进行测算。结果显示，2010~2019 年，无论是全省的总体转型升级水平还是各个地市的水平，都得到了普遍的提升，尽管各个地市之间存在明显的差距，但是这个差距在不断缩小。从总体来看，山东文化产业转型升级正在有条不紊地进行，且转型升级水平的提升速度较为稳定。

6 山东文化产业转型升级的案例分析与影响因素模型构建

转型升级是山东文化产业高质量发展的时代要求和必由之路，它受到多种因素的影响。本章通过对山东出版集团、台儿庄古城文化产业园以及山东影视传媒集团三个典型案例的分析，对文化产业转型升级影响因素进行具体阐释和实证分析，以得出普遍性的结论，并通过构建影响因素模型，以期达到由实证分析到理论阐释、由点到面的研究目的。

6.1 山东文化产业转型升级的相关案例

6.1.1 山东出版集团有限公司

山东出版集团有限公司（以下简称山东出版）的前身是 1987 年成立的山东出版总社，它是由事业单位整建制改制而成的国有独资文化企业，集团旗下的山东出版传媒股份有限公司于 2012 年开始增资扩股工作，并于 2017 年 11 月 22 日成功在上海证交所挂牌上市。目前，山东出版旗下拥有 4 家直属单位、1 家控股上市公司、25 家子公司，集团已发展成为一家集图书出版全产业链于一体的大型综合性文化产业集团，投资领域涉及图书出版发行、文化地产、文化金融、艺术品经营等多个文化行业，是省内规模最大、实力最强的国有文化产业集团。与业内 20 家同类上市公司 2019 年的年报数据相比，山东出版营业总收入达到

101.33 亿元，总资产 244.40 亿元，排名第四位，继续稳居同行业前列①。2019年，山东出版再次入选"全国文化企业 30 强"榜单，至今集团已经先后 8 次（第 1、第 8、第 9 届未入选）获此殊荣。作为一家由事业单位转企改制的国有文化企业，成功上市并持续稳居行业前列，山东出版的转型升级之路，为山东国有文化企业的发展提供了宝贵的经验。

6.1.1.1 体制改革释放资本活力

在文化体制改革的初期，作为全国第一批新闻出版领域转企改制的企业，山东出版和大多数同类企业的境况相似，因习惯于行政化的计划思维而难以适应体制转变的市场环境。为了建立良好的市场运行机制和产业经营观念，山东出版在转企改制工作基本完成后，一方面，通过股份制改革，整合、调整和优化企业在出版、人力、品牌等资源，以引进战略投资者组建股份公司的方式，扩大企业的规模和实力，进一步拓展和完善企业的产业链；另一方面，积极推进旗下控股公司的上市融资工作，优化企业的战略布局，进一步释放企业的资本活力，提高资本运作的效率。以山东出版传媒股份有限公司为例（见表6-1），通过上市融资为企业的持续发展提供了充足的资本，多元化的股本结构既实现了企业向资本市场的重大跨越，也为企业的战略重组提供了有力的契机。同时，山东出版积极推进集团的现代企业制度建设，在制度变革中寻求企业发展动力的转变。为了适应出版业外部市场环境和内部体制环境的变化，山东出版不断优化企业的组织结构，通过成立工作室、项目组或组建专门选题部的形式，实现了由传统、固化的金字塔式组织管理架构向扁平化、网络化管理模式的转变，进而形成了现代化的生产经营机制。当前，管理体制机制的变革有效提高了山东出版的资本运作能力，覆盖项目投融资、私募基金、股权、债券投资、互联网金融等多种形式的投资业态开始逐步建立起来。可以说，山东出版的成功与未来发展空间的拓展都源于体制机制的改革，内在的发展诉求与外在的生存压力，让企业的转型升级进入了自觉自强的新阶段。

---

① 山东出版集团. 营收首破百亿业绩再创新高［EB/OL］. http：//www.sdpress.com.cn/News/6/19/NewsDetail_8484_1.html，2020-05-13/2020-09-02.

表 6-1 山东出版传媒股份有限公司十大股东

股东名称	股份数量（万股）	持股比例（%）
山东出版集团有限公司	160294.45	76.81
山东出版投资有限公司	3271.42	1.57
中国信达资产管理股份有限公司	3000.00	1.44
全国社会保障基金理事会转持一户	2624.96	1.26
香港中央结算有限公司	2055.66	0.99
中国教育出版传媒集团有限公司	1970.64	0.94
摩根士丹利投资管理公司——摩根士丹利中国 A 股基金	1642.04	0.79
山东省文化产业投资集团有限公司	1211.67	0.58
香港金融管理局——自有资金	865.68	0.41
新华社投资控股有限公司	820.69	0.39

资料来源：上海证券交易所，截至 2020 年 6 月 30 日。

6.1.1.2 持续创新催生全新商业模式

持续创新是出版发行企业保持市场竞争力的重要源泉，山东出版以创新为动力，在做大做强出版发行主业的同时，不断培育和发展文化新兴业态，既催生出全新的商业模式，又推进了企业的转型升级。在出版发行主业方面，山东出版积极推进"双品双效"战略，围绕精品力作的创意生产和原创能力的提升两条路径，推动图书内容的创新。为了保障"双品双效"战略的顺利推进，山东出版以重点出版项目专项扶持资金为物质保障，推出了如《中国：博弈中摸索前行》《共和国的勋章》《中国文化之根》《动漫版历史名人丛书》等精品图书。2018年，山东出版所策划出版的图书销量超万册的数量达到 475 种，其中，百余种图书获得国家级奖项或入选国家级重点项目[1]。2019 年，山东出版继续重点发力主题出版的创意策划，集团下属的各出版单位群策群力，推出了一系列优秀主题出版图书，其中《中国》《中国北斗》《雪山上的达娃》入选了中宣部 2019 年主题出版重点出版物目录，领先于其他地方出版集团。在发行领域，企业下属的山东新华书店集团有限公司按照"新定位、新布局、新路径"的发展战略，稳步推进发行业务的创新转型工作，既稳步推进教辅教材与一般图书的发行业务，又勇于探索实体书店建设运营新模式，积极布局校园、商圈、社区等工作生活场所的新型书店建设。同时，通过成立教育科技发展公司，持续布局教育装备、教育旅

---

[1] 徐静. 以创新推动出版融合发展 [J]. 山东画报, 2019 (3): 40-41.

游、教育培训等教育新业态，多元业务的开拓工作稳步实施。在文化新业态的培育和发展方面，山东出版围绕"文化产业+""出版+"，在旅游、康养、演艺、创意、地产等领域，投资和建设了一批高质量的文化创意产业项目。同时，山东出版准确把握"互联网+出版"的新发展趋势，深化传统媒体与新兴媒体的融合发展，推进企业的数字化创新转型，"小荷听书""山东学前教育网"等互联网项目蓬勃发展起来。山东出版下属的山东印刷物资有限公司以会展经济为突破口，不断创新和探索"会展+"的商业模式，已逐步实现了由单一的纸张、木浆等传统印刷业态向会展、信息科技、酒店等多种新兴业态的综合性文化贸易公司的转型升级。

6.1.1.3 融合发展布局全产业生态链

面对新技术、新业态、新模式的不断涌现，山东出版积极布局文化产业的全产业生态链，探索出了一条多元产业"反哺"出版发行主业、文化要素与新业态融合发展的转型升级道路。在山东出版融合发展的过程中，运用先进科技成果推动传统媒体与新媒体的融合，探索出了"出版+"的全媒体转型升级路径；另外，借助资本运作实现跨界融合，优化整合优质的出版资源使其在新型生产经营链条上释放新活力，以"出版+"的姿态由单一的出版企业向综合性全业态的文化企业、互联网出版企业转型升级。在"出版+"方面，山东出版坚持发挥先进科学技术的引领作用和重点项目的带动作用，利用大数据、人工智能、物联网等核心技术成果在出版业的深度融合，推动创意策划方式，生产传播手段、消费呈现形式的变革，实现传统出版与新兴出版的互融互进；以重点项目带动企业融合转型，集团依托传统出版的资源优势，将传统出版业务与文化市场新兴需求巧妙融合，向消费者提供了"锦绣文创"、"小荷听书"、"山东学前教育网"、"区域农业数字图书馆"、智融全媒体中心等一系列多媒体融合产品。在"出版+"方面，山东出版发挥出版产业的内容资源优势，通过延伸产业边界、塑造全新消费模式的方式，推进出版业与其他相关产业的融合，"教育+出版"是这一方面的典型代表。教育领域与出版领域存在着天然的耦合关系，作为山东出版控股的上市企业，山东出版传媒股份有限公司积极利用总公司的图书出版发行优势，勇于探索出版产业与教育产业的融合发展，加大在教育产业方面的投融资力度（见表6-2），稳步推进"学前教育—基础教育—职业教育—高等教育"的基地建设，加快集团在教育文创、智融全媒体、教育装备与培训、研学旅行等新业态的多元发展，直接带动了总公司由教育产品提供商向教育综合服务商的转型升级。

表6-2 山东出版传媒股份有限公司首发新股募集资金使用情况

项目名称	计划投资（万元）	建设期（年）
新华书店门店经营升级改造建设项目	34221.55	5
特色精品出版项目	15090.04	3
印刷设备升级改造项目	37913.00	2
物流二期项目	35607.20	2
基础教育阳光智慧课堂建设项目	37129.58	3
职业教育复合建设项目	18125.17	3
学前教育复合建设类项目	15684.32	3
综合管理信息系统平台项目	9374.10	3
"爱书客"出版云平台电子书供应能力建设项目	4640.28	3

资料来源：上海证券交易所。

6.1.1.4 版权贸易开创企业"走出去"新模式

作为国内知名的出版集团，山东出版积极响应党中央的号召，通过"项目—平台—机制"三位一体的版权贸易形式，积极开创"走出去"的新模式，助力企业的国际化转型升级发展。2015~2018年，山东出版集团共输出版权数量达到789种，涉及国家和语种分别为37个和32种，显著提升了集团品牌的国际影响力。① 从2015年"中韩图书版权贸易洽谈会"到2017年"一带一路"图书版权贸易洽谈会，从2013年首家海外尼山书屋落户马耳他到2019年全球第40家尼山书屋落户西澳中华会馆，山东出版不断开拓版权贸易的新路径，创新"走出去"的商业模式，集团在向国际化转型升级的过程中，实现了由被动"输血"到主动"造血"的成功转变。首先，山东出版以项目运作为基础，为"走出去"遴选优质图书。在"走出去"的过程中，山东出版下属的出版单位主动与海外知名的出版社联合成立中国主题图书编辑部，该部门根据当地的文化特点以及读者的阅读需求与习惯，以项目运作的方式遴选针对性、实效性和落地性俱佳的优质图书，一批荣获国家级、省级资助或荣誉的图书深受海外读者的喜爱（见表6-3），其中，展现中华民族传统文化的《论语诠解》输出9个语种。真实反映我国党史、国史、军史的《高山仰止——邓小平与现代中国》输出7个语种，向"一带一路"沿线国家宣传党的十九大报告精神的《治道之要：社会矛盾十二

① 山东出版传媒股份有限公司出版业务部. 创新"走出去"模式打造"走出去"品牌影响力 [J]. 出版参考，2019（12）：20-23.

讲》输出 9 个语种①。随着山东出版策划出版的中国主题图书海外影响力的提升，集团输出的海外版图书出版种类也在迅速增长（见图 6-1）。其次，山东出版以图书版权贸易洽谈会、尼山书屋等平台为渠道，为版权贸易开拓新途径。图书版权贸易洽谈会是山东出版创新版权贸易模式的主要依托平台，中韩图书版权贸易洽谈会、中国·山东"一带一路"图书版权贸易洽谈会、"一带一路"图书版权贸易洽谈会走进中东欧等版贸会的成功举办，取得了丰硕的成果（见表 6-4），进一步提升了集团的海外影响力和知名度。此外，山东出版下属的山东友谊出版社以书为媒，系统打造尼山书屋这一文化交流平台，是集团开展国际图书出版与销售的新渠道。截至 2019 年底，共有 40 家尼山书屋在海外落地，足迹遍布全球四大洲②。最后，山东出版建立了融版权资源建设、版贸运行、版贸人才培养以及版贸成果考核督促为一体的综合机制，为集团"走出去"保驾护航。

表 6-3　山东出版部分海外发行图书的获奖情况　　　　单位：种

类型	数量	类型	数量
丝路书香工程	22	中国当代作品翻译工程	1
经典中国国际出版工程	10	简转繁补贴项目	9
中国图书对外推广计划	32	齐鲁文化经典翻译资助工程	56
图书版权输出奖励计划	9		

资料来源：作者根据官网数据整理。

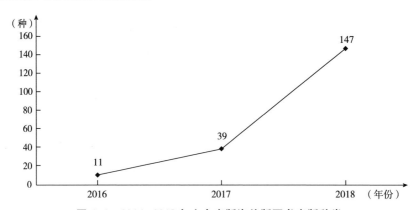

图 6-1　2016~2018 年山东出版海外版图书出版种类

资料来源：作者根据官网数据整理。

---

①　张健，杨超，公晓慧. 深挖主题出版的时代"富矿"［J］. 山东画报，2018（11）：60-65.

②　山东友谊出版社. 全球第 40 家尼山书屋落户西澳中华会馆［EB/OL］. http：//www. sdyouyi. com. cn/control/tab_news_detail? curTab=3&articleId=10542，2019-07-17/2020-09-02.

表 6-4　山东出版部分版贸会成果

版贸会名称	举办时间	成果
中韩图书版权贸易洽谈会	2015 年 7 月 22~23 日	签署 3 项合作协议、65 项版权输出合同、6 项版权引进合同，达成版权输出意向 107 项、版权引进意向 18 项
中国·山东"一带一路"图书版权贸易洽谈会	2017 年 8 月 19~21 日	签订 293 种图书的版权协议（输出 265 种、引进 28 种），12 种数字产品版权输出协议，5 种图书合作出版协议，2 个战略合作协议；另有 51 种图书初步达成版权输出意向，12 种图书达成版权引进意向，1 个平台合作意向
中国-阿语地区"一带一路"图书版权贸易洽谈会	2018 年 4 月 22~28 日	签订 101 种图书的版权协议，其中输出 86 种，引进 15 种
"一带一路"图书版权贸易洽谈会走进中东欧	2018 年 5 月 31 日至 6 月 7 日	签订 51 种图书版权贸易协议，其中版权输出协议 21 种，版权引进协议 30 种，达成版权输出意向 6 种
"一带一路"图书版权贸易洽谈会走进香港	2019 年 7 月 16~23 日	签订繁体版权输出协议 2 种，达成版权合作意向 22 种

资料来源：作者根据官网数据整理。

6.1.2　台儿庄古城文化产业园

台儿庄古城重建项目是台儿庄古城文化产业园形成的基础，该项目始于 2008 年，它是以古城重建为核心，借助京杭大运河和台儿庄大战两大历史事件对原有的历史文化资源进行记忆重构，在此过程中，推动了台儿庄由单一的红色旅游向多元的文化旅游、生态旅游、休闲旅游的转型。依托台儿庄古城的社会影响力、吸引力以及产业集聚效应，枣庄市政府于 2011 年开始统筹规划建设台儿庄古城文化产业园。园区建设当年，吸引入驻商家 125 家，直接带动就业人口 2.39 万人，到 2014 年，园区已累计完成投资 87 亿元，入驻商家已达 200 余家，带动就业人口近 6 万人。台儿庄古城文化产业园的迅速成长带动了区域内文化产业的集群发展，2017 年 9 月，园区入选了国家级文化产业示范园区创建资格名单，也是省内首家入选单位。从 2008 年台儿庄古城重建到 2017 年成为国家级文化产业示范园区，台儿庄古城文化产业园从一个单纯的文化旅游胜地，逐步转型升级为融"一核、四区、八园、十产、十二板块"为一体的综合性文化产业集群园区（见表 6-5）。台儿庄古城文化产业园的顺利转型升级，为当前我国各地文化产业园区的转型与高质量发展提供了宝贵的经验。

表6-5　台儿庄古城文化产业园产业布局

类型	主要内容
一核	台儿庄古城（包括11个功能分区、8大景区和29个景点）
四区	古城核心区、大战主题区、文化产业发展区、湿地休闲度假区
八园	大战遗址公园、运河湿地公园、文化遗产公园、非物质文化遗产博览园、战争题材主题公园、河港风情园、月河园、水文化体验园
十产	文化旅游、演艺娱乐、古玩字画与工艺品、广告会展、影视产业、文化创意、印刷发行、休闲健身、网络服务、文化用品生产
十二板块	运河文化展示、大战主题文化展示、鲁南民俗文化演艺、非物质文化博览、动漫与软件产业、文化地产、文化Mall、文化运动休闲、湿地休闲度假、乡村风情旅游、生态水源涵养、高端休闲度假

资料来源：作者根据官网信息整理。

6.1.2.1　政府主导推动园区加速转型

作为资源枯竭型城市转型发展的重要试点项目，台儿庄古城文化产业园的规划、建设和发展，得到了各级政府的大力支持。枣庄是国务院公布的第二批32个资源枯竭型城市之一，中央政府从多个层面支持其发展文化旅游产业，省政府出台了包括产业发展、财税金融、土地利用等在内的多项具体扶持优惠政策，市政府将6亿元的房地产开发项目叫停，在原项目的规划区域内重建台儿庄古城并将其列为全市的抓手和龙头项目，运用各级优惠政策全方位扶持项目的建设。作为"市长工程"的台儿庄古城重建项目，市政府主要负责领导全程参与项目的规划、建设和运营发展，台儿庄区国有资产管理局负责项目的建设招标工作，政府委托同济大学负责项目的规划设计，成立专门的台儿庄古城管委会负责项目的运营管理。可以说，如果没有政府的强有力支持，那么也就不会实现台儿庄古城向台儿庄文化产业园的成功转型升级。在台儿庄文化产业园运营管理的过程中，当地政府发挥了重要作用。一方面，建立了政府分级管理的管理体系，成立台儿庄古城管理委员会和古城旅游发展有限公司（国有企业）负责古城的日常管理以及旅游产业的运营，区文广新局负责大战主题区的管理工作，湿地休闲度假区由所在辖区街道办事处负责建设运营，成立专门的文化产业园建设指挥部直接负责文化产业发展区的管理和运营。另一方面，为了促进园区的快速、健康发展，当地政府建立了完善的政策扶持体系，设立了文化产业发展专项资金,解决具有带动效应的重点文化公司和文化产业项目的投融资难题;出台知识产权保护、文化产业人才引进、文化企业品牌推广等方面的扶持政策,为园区文化企业的发展保驾护航。同时,当地政府注重园区的招商引资工作,一方面,成立专门的文化产业招商工作组负责与知名文化企业或互联网公司的接洽工作;另一方面,积极组织开展海峡两岸交流基地揭牌仪式、全国古城重建研讨会、世界旅游小姐巡游、城市发展战略研讨会等多种形式的活动,助力园区的宣传推广与招商引资工作,一批国内知名的文化企业相继入驻园区,加速了园区的转型步伐。

6.1.2.2 深挖历史资源推动园区业态创新

在台儿庄古城重建的过程中,按照"三原则"(存古、复古、创古)和"六标准"(原空间、原尺度、原风貌,原材料、原工艺、原地工匠)整合和重构历史文化资源,将运河文化、"二战"文化、宗教文化、城邦文化等多元化文化形态付诸于形态各异的建筑、纵横交错的水街水巷、丰富多彩的民俗文化产品和非遗文化产品,逐步形成了台儿庄古城文化旅游业的特色优势与核心竞争力。在台儿庄古城的基础上,建设台儿庄古城文化产业园,通过招商引进知名文化产业公司作为高端战略合作伙伴,联合知名高等院校筹建运河文化学院,投资建成非物质文化遗产博览园,成为融文化创意与策划、文化产业项目孵化与推广、文化产业人才培养、影视体验与休闲娱乐等功能于一体的综合性文化产业园区。综合分析台儿庄古城文化产业园的发展演变历程可以发现,它与20世纪90年代以来盛行于欧美国家的"文化旗舰项目"[①] 发展模式极为相似,都属于一种典型的文化导向型产业园区成长方式。通过深度挖掘当地的文化资源来优化旅游产业结构体系,文化旅游与红色旅游交相辉映,生态休闲旅游与运河观光体验旅游丰富多彩,节庆旅游蓬勃发展,不仅丰富了园区的旅游产品体系,而且带动了园区旅游业的由弱变强。2018年,台儿庄古城全年接待游客突破700万人次,综合收入近20亿元,两项数据分别同比增长了21.6%和45%。同时,在古城核心区内设立和建设船型街,引入柳琴戏、运河大鼓、鲁南皮影等非遗展示项目,支持和鼓励虎头鞋帽、吊窗泥塑等生产性非遗工艺品的销售,依托文化遗产公园、非物质文化遗产博览园成功举办了200余次会展活动,带动了会展博览业与文化旅游业的

---

① "文化旗舰项目"通过歌剧院、美术馆、展演设施等文化设施及文化活动建设,带动地方经济再生。(厉无畏. 文化创意产业发展的三条可行路径 [J]. 前线,2013 (3):27-28.)

蓬勃发展。此外，依托园区内特色鲜明的文化景观，《铁道游击队》《台儿庄1938》《血战台儿庄》《独有英雄》等一系列影视作品相继在此选景拍摄，促进了影视产业的发展。总体来看，台儿庄古城文化产业园依托文化资源的产业化开发，不仅丰富了园区的产业业态，而且推动了园区文化产业的集聚式发展，这也是园区成功转型发展的重要方式。

6.1.2.3 资本运作推动园区投融资模式创新

从台儿庄古城重建到台儿庄古城文化产业园的成功运营，资金问题是整个转型过程中最为棘手的难题。对于花费如此浩大的工程来说，仅仅依靠地方政府的财力是远远不够的，当地政府成立专门的投资公司，采取资本运作的方式，解决园区的投融资问题。在古城重建之初，枣庄市以丰源集团为代表的5家国有煤矿企业分别以10万吨煤炭作为资本入股投资公司，为古城的重建提供了4亿元的启动资金①。在解决了项目初期的资金问题后，园区采取边建设边对外开放、边建设边融资的策略，同时，通过项目的发展运营持续吸引社会资金的注入，目前，已累计投资超过50亿元。在一期重建工程完工后，台儿庄古城主动引进深圳锦绣中华发展有限公司的专业运营管理团队，负责景区的规划化、标准化管理和运营，不仅推动了景区经营理念和管理模式的创新，而且提高了景区的市场化水平和资本运作能力。为了进一步提升台儿庄古城文化产业园的资本运作能力，加快转型升级的步伐，当地政府鼓励和支持台儿庄古城旅游集团的上市工作。2017年12月，台儿庄古城旅游集团与东兴证券股份有限公司正式签署上市辅导仪式，标志着台儿庄古城上市大幕的开启。2018年，在台儿庄古城战略合作签约仪式上，集团与多位行业专家签订战略合作协议，为提高资本运作能力组建专业智囊团队。2019年，在《台儿庄区政府工作报告》中进一步明确了古城股改上市的工作任务，为优化资产结构、提高资本运作能力、实现园区效益最大化提供多方面的支持，为由单一性的文化旅游景区向综合性的文化产业园区转型发展奠定了坚实基础。

6.1.2.4 企业集群推动园区发展模式创新

根据《关于进一步完善国家级文化产业示范园区创建工作方案》的内容（见表6-6），园区集聚不少于100家文化企业是重要的评选标准之一，因此产业

---

① 朱彧. 存古、复古、创古的北国水乡台儿庄古镇的新方略［J］. 商品与质量，2011（37）：50-57.

集群也是影响台儿庄古城文化产业园转型升级的主要因素。在台儿庄古城文化产业园发展的过程中，一方面，依托丰厚的历史文化资源和非物质文化遗产资源，不仅推动了旅游业的由弱到强的转变，而且实现了其他文化产业行业从无到有的稳步发展。2008年以前，台儿庄的会展博览业还处于市场空白的状况，发展至今已经形成了涵盖40余项大型会展活动的产业体系，成为当地文化产业新的经济增长点；依托台儿庄古城的建筑风貌，借助联合投资、合作拍摄等方式，积极发展影视产业；积极培育文化产业新业态，通过建设国家版权贸易基地、国际服务外包基地以及高校的创业孵化中心，积极发展版权贸易产业和文化创意产业。目前，台儿庄古城文化产业园已经集聚了一批具备一定规模的文化企业（见图6-2），涉及多个文化产业业态（见图6-3）。另一方面，在产业集群发展的过程中，逐步形成了完善的文化产业支持体系，政府财政补助与金融信贷支持相结合，解决了中小微文化企业的资金难题；五位一体的"创业、技术、生活、融资、培训"平台与运河文化学院的建设，实现了文化产业人才的有效集聚。综合来看，台儿庄古城文化产业园转型发展的过程中，产业集群式的发展思路，不仅实现了由"单一文化项目推动"到"综合文化产业体系"的跨越式发展，而且推动了文化产业发展方式由消费引领型向创意生产型的转变，促进了园区向纵深发展。

表6-6　国家级文化产业示范园区建设要求

创建主体	以地市级（包括直辖市、副省级城市的市辖区）人民政府为创建主体，统筹推进当地示范园区创建工作并提供保障支持。创建主体应在辖区内确定园区边界范围，并在创建方案中予以明确，一般不得将创建范围确定为整个行政区域
基本条件	园区所在地文化产业发展水平居于所在省（区、市）前列，当地政府高度重视文化产业发展，创建积极性高，并已将该园区列为政府重点建设或支持项目
	已制定清晰的园区发展规划，符合当地经济社会发展总体规划、土地利用总体规划、城乡规划、环境功能区规划和产业发展等各项相关规划，并得到当地政府批准
	园区社会效益显著，始终坚持正确的文化产品创作生产导向
	园区已集聚不少于100家文化企业，园区内文化企业主营业务总收入、总利润等经济效益指标突出
	园区区域范围明确，基础设施较为完善，非文化类商业及其他配套面积不得超过园区总建筑面积的50%
	园区有专门管理机构负责日常运营管理，机构组织架构和管理制度健全、运转良好

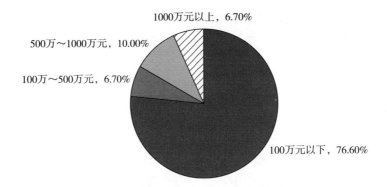

图 6-2 台儿庄古城文化产业园企业注册资本情况

资料来源：根据台儿庄区工商局信息整理。

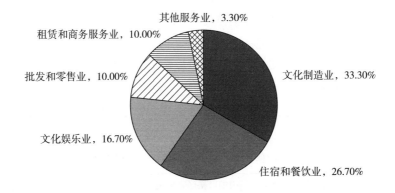

图 6-3 台儿庄古城文化产业园企业行业分布情况

资料来源：根据台儿庄区工商局信息整理。

6.1.3 山东影视传媒集团

山东影视传媒集团（以下简称山影集团）的前身是成立于 1986 年的山东电影电视剧制作中心，2008 年底，山东广电总台整合旗下的影视制作资源，以山东电影电视剧制作中心为核心成立了山东影视集团，2012 年，在此基础上，转企改制为山东影视传媒集团，2017 年，万达院线等 7 家战略投资公司出资 6 亿元成为集团下属单位山东影视制作股份有限公司的股东。作为山东省国资委管辖的国有大型文化企业和国内知名的影视剧生产制作机构，山影集团历经多年的发展，出品或参与出品的《铁道游击队》《闯关东》《沂蒙》《北平无战事》《琅琊榜》《安居》《欢乐颂》等电视剧的收视率跃居国内前列；《沂蒙六姐妹》《西游记之大圣归来》等电影作品家喻户晓，先后有 80 多部影视作品荣获国家各类奖励。山影集团围绕影视剧的制作与发行，成立或控股了 8 家子公司，建立了相对完善的组织架构和产业链（见图 6-4）。从 20 世纪"鲁剧"作品到现今"山影出品"的品牌升级，从 2013 年的净利润为负（-0.01 万元）到如今的净利润突破亿元，从单一的影视剧制作单位到综合性的影视产业集团，山影集团向规模化、集约化的转型升级之路，值得深入探讨与总结。

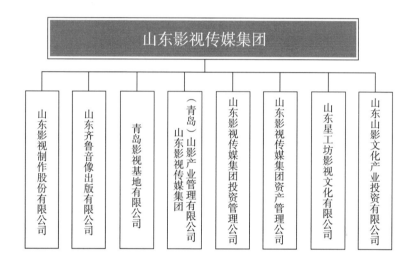

图 6-4　山影集团组织架构

资料来源：山东影视传媒集团官网。

6.1.3.1　体制改革助力管理模式创新

山影集团紧密围绕"体制集团化、管理企业化"的思路，不断深化体制机制的改革，管理模式的创新极大地激发和释放了企业创新活力。转企改制之前，山东电影电视剧制作中心与其他同类事业单位相似，普遍存在着管理体制固化、运行机制僵化的问题，政府资金扶持力量的弱小限制了影视剧制作数量的增长。因此，在很长一段时期内，尽管"鲁剧"品牌响彻全国，但是真正有影响力的影视剧却屈指可数。同时，由于在市场运营、影视剧发行等影视产业核心环节缺乏足够的资本支持，导致山影的经营指标一直没有亮眼的表现。转企改制后，集团逐步建立和完善了符合影视企业特征与影视产业发展趋势的现代企业制度，创新了集团的管理体制和运行机制，自负盈亏的企业发展现实，有效提高了"山影人"的责任担当和使命意识。同时，转企改制后，山影集团在影视剧投资拍摄的管理方面，拥有了更多的话语权，逐步改变了以往过于凸显国家意识形态的创作倾向。在资本压力与创作动力相互作用的过程中，山影集团更加注重从艺术性与市场价值的双重角度思考影视剧的发展。当然，对于山影集团而言，人才资源的管理是体制改革之后必须面对的难题。如何留住人才，避免因体制转换造成人才流失，如何引进人才、用好人才，打造专业化的团队，都成为山影集团创新管理模式的重心。结合山影集团的现状和影视产业的特点，山影集团以成立工作室的形式创新人才管理模式，一批围绕知名编剧、导演、制片人的工作室相继成立，陆续出品了一系列社会口碑与市场表现俱佳的影视作品（见表6-7）。

表6-7　山影集团部分影视工作室情况

名称	简介	主要作品
赵冬苓工作室	国家一级编剧、著名影视剧作家，先后荣获华表奖、金鹰奖、飞天奖、上海电视艺术节等多个重要奖项的"最佳编剧"奖	《安居》《青岛往事》《沂蒙》《红高粱》《南下》《小小飞虎队》
钱晓鸿工作室	著名导演、金牌制片人，所执导的影视剧作品共获国家级以上大奖28项，先后获得中国"百佳电视艺术工作者"称号、"十佳电视剧制片人"奖	《孔子》《穿越烽火线》《小小飞虎队》《大秧歌》
靖雷工作室	知名制片人，荣获2018FEIA泛娱乐与大消费时代暨时尚娱乐消费影响力年度颁奖礼年度优秀制片人奖	《瞧这两家子》《马向阳下乡记》《守卫者——浮出水面》《我们的秘密》《我的亲爹和后爸》

资料来源：根据官网信息整理。

6.1.3.2　内容为王助力企业品牌转型

对影视企业而言，向公众提供优质内容的影视剧产品，是提高企业品牌影响力的关键所在。经过多年的发展，山影集团凭借优质的影视剧产品在激烈的市场竞争中勇于进取，实现了由"鲁剧作品"向"山影出品"的企业品牌转型，从"作品"到"出品"的产业升级，充分展现了山影集团在影视行业的重要参与程度以及对影视剧市场的掌控力度。首先，山影集团秉持"山影出品、必属精品"的战略理念，坚持精品化的创作思路。在影视剧题材选择方面，既深耕现实主义题材的创作，又注重热门网络IP的影视剧开发。电视剧《闯关东》借助朱开山一家人闯关东平凡而又传奇的故事，表现出平凡人生所蕴含的历史情怀；《沂蒙》《沂蒙六姐妹》以百姓视角讲述了沂蒙人民英勇报国的英雄史诗,深层剖析了沂蒙精神的博大内涵;《马向阳下乡记》围绕"第一书记"的不平凡人生,展现了当代社会农村生活的真实变化;《琅琊榜》《他来了,请闭眼》等人气网络小说的影视剧改编,体现了"山影人"锐意进取的创作热情。在创作生产阶段,则秉持重点剧目重点运作的"大手笔、大制作"理念,将精品制作的理念贯彻到创作生产的各个环节。为了保证制作的精良,电视剧《闯关东》的制作费用每集增加了 30 万元;从浩瀚的史料中搜寻电视剧《孔子》中衣服的花纹样式、舞蹈的动作,力求贴近历史真实;《北平无战事》中,对视听语言的考究与道具、场景的讲究,使其被誉为国内首部可以与美剧相媲美的作品。此外,山影集团也非常注重影视剧中演员的选择,无论是《大染坊》中陈寿亭的扮演者侯勇,还是《闯关东》中朱开山的扮演者李幼斌、朱开山媳妇的扮演者萨日娜,抑或是《伪装者》《琅琊榜》对胡歌、靳东、王凯等当红演员的选用,都很好地契合了剧中角色的情节设定,提升了影视剧的艺术水准。正是由于山影集团一贯秉持"山影出品、必属精品"的创作理念,保证了集团出品的每一部作品都收获了社会的广泛赞誉,获得各种奖项(见表6-8),进而推动了集团品牌由创作向出品的转型升级。

表6-8　山影集团出品的部分影视剧获奖情况

影视剧	获奖情况
《欢乐颂》	第 23 届上海电视节"最佳中国电视剧""最佳导演"等 5 个奖项 第 31 届电视剧飞天奖"现实主义题材优秀电视剧"奖
《伪装者》	2015 年"年度十大影响力电视剧""最佳男演员"等 7 个奖项 第 30 届中国电视剧飞天奖"优秀电视剧""优秀男演员"奖 第 19 届华鼎奖"中国近现代题材电视剧最佳男演员""中国百强电视剧最佳女配角"奖
《琅琊榜》	2015 年"年度十大影响力电视剧""观众最喜爱导演"等 10 个奖项 第 30 届中国电视剧飞天奖"优秀男女演员""优秀导演"奖 第 19 届华鼎奖"中国百强电视剧第一名" 第 22 届上海电视节"最佳导演""最佳男主角"等 6 个奖项
《北平无战事》	第 21 届上海电视节"最佳中国电视剧""最佳编剧"奖 第 17 届华鼎奖"全国观众最喜爱的电视剧"奖 第 30 届中国电视剧飞天奖"优秀编剧""优秀导演"等 4 个奖项 第 11 届中国金鹰电视艺术节"优秀电视剧"奖
《沂蒙》	第 25 届中国电视金鹰奖"优秀电视剧"奖 第 28 届中国电视剧飞天奖"优秀编剧""优秀导演"奖

影视剧	获奖情况
《西游记之大圣归来》	第 30 届中国电影金鸡奖"最佳美术片"奖 第 52 届台湾电影金马奖"最佳动画长片"奖 第 16 届中国电影华表奖"优秀故事片"奖 第 14 届精神文明建设"五个一工程""优秀作品奖"

资料来源：根据互联网资料整理。

6.1.3.3 融合发展助力产业业态创新

为了适应文化产业转型升级的需要，山影集团在融合发展理念的指导下，以影视产业为核心，积极布局"影视+产业"的全产业生态链，力争成为融合影视产业全业态的综合性文化企业。从宏观视角看，山影集团依托旗下的山东影视制作股份有限公司、山东齐鲁音像出版有限公司、青岛影视基地有限公司以及山东影视传媒集团投资管理公司等子公司，逐步形成了集影视策划、影视拍摄、影视制作、影视发行于一体的上下游企业贯通的影视产业链。此外，山影集团与青岛西海岸发展集团在青岛灵山湾合作建设"影视孵化圈"，着力打造融影视"投融资—项目策划—拍摄制作—营销发行—会展交易"于一体的影视产业集群。在延伸和完善影视产业链的基础上，山影集团整合企业的优质资源，依托下属的山东山影文化产业投资有限公司、山东星工坊影视文化有限公司等子公司，积极开拓艺人经纪、影视基地开发以及文化产业投资等业务，多元化的文化产业业态不断丰富和完善。从微观视角看，山影集团注重技术变革所引起的业态创新，为了推动"影视+互联网"的深度融合，成立了新媒体运营中心——锐影网（后更名为山影制作网），专门负责集团官方网站、微信公众号、微博等网络新媒体的运营工作。同时，为了顺应多屏融合的发展趋势，山影集团利用互联网终端拓展影视剧的发展空间，以电视剧《欢乐颂》为例，在 YouTube 上的总点击量突破 5000 万次，网络总播放量更是超过百亿次[①]。在试水"影视+互联网"融合的过程中，山影集团又陆续出品了网络剧《他来了，请闭眼》、微电影《唱给妈妈的歌》《国防后备军》等，进一步拓展和丰富了企业的影视产业业态。2015 年 5 月，山影集团与中国重汽集团举行"山影星工坊•飞尔姆乐园"的签约仪式，正式开启了"影视+旅游+教育"的文化产业新模式。乐园以儿童教育和娱乐为产业主

---

① 张林. 2012 年以来"鲁剧"创作嬗变原因探究［J］. 百家评论, 2019（5）：125-130.

线，重点发展影视娱乐、儿童教育培训和影视衍生品等新业态，成为山影集团影视产业链延伸和业态创新的又一次有益尝试。

6.1.3.4 资本运作助力运营模式升级

在山影集团转型发展的过程中，凭借敏锐的市场意识不断探索资本运作的新方式，是集团持续创新运营模式、不断发展壮大的内在推动力。一方面，山影集团准确把握影视产业链的特点，通过环环相扣的资本运作方式，逐步建立了与当前市场经济和影视产业发展趋势相适应的运营模式，以市场化的形式化解投融资的风险：其一，资本化的运作为山影集团挑选与积累优质的剧本提供了充足的资金保障，也提高了影视产品的市场契合度。当前，山影集团每年投入约7000万元来遴选优秀的剧本，这些资金主要用于集团内部的定向策划、网络IP与集团外部成熟剧本的版权购买①。其二，资本化的运作既拥有了充足的资金保障，又降低了投融资的风险。在投融资环节，山影集团充分利用资本化运作的优势，与多家影视制作机构和民营影视公司开展联合投资与拍摄的合作，参股联合运营、市场利润分成的形式，不仅集结了充足的资金，而且将影视产业链的上下游企业巧妙地串联在一起，既有利于影视剧创作生产、营销发行的顺利开展，又极大地降低了市场投资风险。以电视剧《大秧歌》为例，作为一部投资超过6000万元的主旋律作品，山影集团自感信心不足，引入影视上市公司完美环球后，依托后者在《钢的琴》《失恋33天》《咱们结婚吧》等影视剧运营中的成功经验，启用郭靖宇金牌制作团队，不仅对剧本进行了修改，而且将投资额追加到2亿元，这在很大程度上扭转了该剧的命运。该剧上映后，连续3周处于收视率排行榜的第1名，互联网总点击量超过了60亿次②。在投资环节，山影集团采取"结构性投资"③的方式，每年投资约5亿元用于6~8部影视剧的创作生产，投资上亿元和1000万元的影视剧各1到2部，投资5000万元左右的影视剧数量控制在3到4部，这样就有效地分散了投资的风险④。其三，资本化的运作保证了集团出品的影视剧的高品质、高水准。由于有了充足的资金保障，为了追求作品的高质量，山影集团对重点影视剧的投资额往往高于国内影视市场的平均值，电视剧《闯关东》的总投入达到了3600万元，这在当时国内的影视市场引起了不小的轰动；

①② 王天宇，刘富国. 山影：让艺术与市场双赢 [J]. 走向世界，2016 (45)：68-71.

③ 结构性投资的概念来源于银行系统的结构性理财，即把投资总额划分成不同比例的金额，投入风险层次不同的品种。

④ 王海青. 关于"鲁剧"文化产业建设的调研与思考 [J]. 现代视听，2016 (1)：20-24.

电视剧《温州两家人》总投资超过 1 亿元大关，这样的投资规模在当时的国内影视市场也不多见①。其四，资本化的运作为"多条腿走路"的立体营销网络的建立提供了资金保障。山影集团通过联合投资、参股运营的方式将影视产业的上下游企业联合在一起，为影视剧作品的营销发行开拓了市场空间，集团出品的影视作品得以在央视以及湖南、北京、上海、江苏、山东等省级卫视的黄金档播出，爱奇艺、腾讯、优酷等主流视频网站也不难见到"山影出品"的身影。另一方面，山影集团借"市"高飞，不断提高资本化运作的水平。2016 年 12 月，山影集团与山东产权交易中心开展合作，引进了万达、阿里巴巴等 7 家战略投资者，6 亿元的融资额为进一步创新运作模式、提升运作能力扩充了资本。2017 年 6 月，山影集团与中信建投证券股份有限公司签署了上市辅导协议书，迈出了上市融资的第一步，为进一步创新企业的商业运作模式奠定了基础。

6.1.4　启示

转型升级是文化产业的发展趋势，也是山东文化产业高质量发展的必由之路。当前，在推进山东文化产业转型升级的过程中，必然受到多种因素的影响。本书选取了山东出版集团、台儿庄古城文化产业园以及山东影视传媒集团三个典型案例，分别从文化企业与文化产业园区的角度，具体阐释了影响文化产业转型升级的因素。通过对以上三个案例的分析，本书认为对山东文化产业转型升级具有以下几点启示：

（1）政府的宏观调控作用在资源配置的过程中十分必要，这对企业的发展至关重要。尤其是对文化产业来说，受政策驱动的影响较为明显，更需要政府职能的发挥。文化产业政策体系的调整与完善，可以优化文化产业内部的资源配置状况，提高文化资源的配置效率，引导文化产业的发展方向，以保障文化产业转型升级的顺利进行。同时，从企业管理的微观视角看，创新企业的管理方式需要政府相关配套政策的支持，企业的转型升级，也需要借助政府的推动。总而言之，政府要为企业发展营造良好的营商环境。

（2）提升文化产业传统业态的竞争力，积极培育文化产业新型业态，不仅是文化产业转型升级的目标，而且是文化产业转型升级的重要动力。无论是山东出版对文化产业全产业链的布局，还是台儿庄古城由单一性文化旅游景区向综合

---

① 孔令顺，朱琳. 从"鲁剧"作品到山影"出品"的品牌嬗变［J］. 电视研究，2016（11）：68-71.

性文化产业园区的转变，抑或是山影集团对"影视+产业"的延伸拓展，都表明文化产业的转型升级对行业自身发展带来的重要影响。

（3）创新是文化产业发展的关键要素和核心资源，也是文化产业在"新常态"背景下转型升级的重要考量。无论是山东出版不断对数字出版与版权贸易的开拓，还是山影集团对"影视+旅游+教育"的文化产业新模式的大胆探索，都表明了创新在文化产业转型升级中的重要性。

（4）文化资源的丰厚程度固然决定了文化产业发展潜力的大小，但文化资源的利用效率却影响着文化产业转型升级的进程。从上面三个案例可以看出，立足齐鲁文化特色是"山影出品"的品牌保证，而通过深度挖掘"历史记忆"文化资源来重建文化景观，借助文化旅游带动相关文化企业集聚，则成为台儿庄古城文化产业园走向成功的重要原因。

（5）文化产业的发展越来越趋向于高文化内涵与高科技含量的密切融合，激发了对复合型、高端化人才的需求，人才资源就成为驱动文化产业转型升级的重要影响因素。台儿庄古城文化产业园以筹建运河文化学院的方式储备人才，山影集团打造艺术家影视工作室，都证明了文化产业人才资源的重要性。

6.2 山东文化产业转型升级影响因素模型构建

通过对山东出版、台儿庄古城文化产业园以及山影集团的分析可以发现，文化产业转型升级具有明显的特殊性，具体的影响因素也极为复杂。同时，在文化产业转型升级的过程中，又不可避免地经历阵痛期，因此单纯的经济指标并不能完全反映转型升级的成果。所以，本书在对案例进行分析的基础上，借鉴其他产业转型升级影响因素指标体系的构建，结合文化产业的特殊性，构建出山东文化产业转型升级影响因素的指标体系，然后以结构方程模型作为分析工具，实证分析文化产业管理水平、文化产业结构、文化产业创新水平、文化产业经济指标以及文化产业人力资源等影响因素对山东文化产业转型升级的影响程度。

6.2.1 指标的选取

在指标体系的构建中，需要遵循一定的原则来保证选取指标的合理、可靠，这些原则分为四个方面：首先为可操作性原则，即构建的指标体系在现实中可以实施和应用。其次为科学性原则，所选取的指标科学有效，能够为山东文化产业的转型升级真正起到作用，解决实际问题。再次为系统性原则，山东的文化产业门类众多，涵盖范围较广，指标选取不能仅仅从经济上考虑，还要关注产业结构、管理水平、政策导向等对山东文化产业转型升级的影响，这样才能更为全面准确地反映出山东文化产业转型升级的特点。最后为简洁性原则，在进行指标体系构建时不能一味地追求系统性，这样可能造成构建的模型拟合度低，因此要尽量选取具有代表性的指标来对文化产业转型升级的影响进行解释。

在进行指标体系构建时，笔者拟采用结构方程模型对相关的指标进行处理。结构方程模型多被用于指标体系构建与实证分析研究中，是一种把定性和定量结合起来的评价方法，将其作为分析工具，有助于问题的分析。当前，关于文化产业转型升级的实证研究成果极度匮乏，本书在构建指标体系的过程中，尝试提炼所选案例的共性因素，将其与其他产业门类转型升级的指标体系结合起来共同作为本书指标选取的依据。通过对山东出版集团、台儿庄古城文化产业园以及山东影视传媒集团这三个转型升级典型案例的分析可以发现，文化产业转型升级存在明显的特殊性，社会效益与经济效益的统一贯穿始终。因此，在构建山东文化产业转型升级影响因素分析模型的过程中，所选取的指标需要统筹兼顾财务指标、非财务指标、战略指标（包括长期战略与短期战略）、文化产业经济指标及滞后指标等多个方面。山东出版、山影集团的成功转型都受益于转企改制的政策红利，政府宏观调控在台儿庄古城文化产业园发展过程中的作用也较为突出，由此可见，文化产业管理水平对转型升级的影响巨大。由于文化体制改革的状况难以用具体数据进行量化，因此体现文化产业政策导向作用的有关指示条文数量以及文化行业标准修订次数，就成为表现文化产业管理水平的重要依据。尽管教材教辅的经营依然是山东出版经营收入的主要构成部分，但是其对数字出版新业态的大力培育，正在逐渐引领企业转型升级的新方向。影视剧的制作发行是山影集团的核心业务，但是其对"影视+产业"全新产业链的布局，也是转变经营结构、寻求多元化发展的有益尝试。目前，台儿庄古城文化产业园的核心业务依然是文化旅游业，但是园区对不同类型的文化企业的积极引进以及对多种文化业态的融合培育，正在为园区的转型升级提供源源不断的动力。所以说，文化产业新业态的培育与发展，对文化产业经济效益的提升效果较为明显，因此本书选取文化产业业务增加比率与文化产业所占 GDP 比率两个指标，来反映文化产业结构的变化情况。创新始终贯穿于山东出版、山影集团以及台儿庄古城文化产业园转型升级的全过程中，文化产业创新水平与转型升级关系极为密切，结合当前文化产业创新体系的现实状况，选取文化产业研发投入增量、专利增加数量以及高校人员R&D全时当量三个指标来衡量文化产业的创新水平。从财务分析的角度看，资本运作对山东出版以及山影集团的转型升级至关重要，由于单纯的经营收入、利润构成等财务指标只是对当前财务状况的反映，难以体现文化产业转型升级的前瞻性。因此，选取文化产业平均增长率、文化产业平均投入产出比以及资产净收益率三个指标来衡量文化产业经济指标的变化情况。台儿庄古城文化产业园以筹建运河文化学院的方式储备人才，山影集团着重打造艺术家影视工作室，都证明了文化产业人力资源在转型升级中的重要性，因此选取相关从业人员平均收入、从业人员满意度以及从业人员流动率三个指标来表现文化产业人力资源的变动情况。综上所述，本书依据文化产业的特点及其转型升级的特殊性，从文化产业管理水平、文化产业结构、文化产业创新水平、文化产业经济指标以及文化产业人力资源5个维度构建一级指标，一级指标下又细分为众多的二级指标。具体如表6-9所示。

表6-9　山东文化产业转型升级影响因素指标体系

目标层	一级指标	二级指标
山东文化产业转型升级水平	文化产业管理水平	山东发布关于文化产业指示条文数量
		行业标准修订次数
	文化产业结构	文化产业业务增加比率
		文化产业所占 GDP 比率
	文化产业创新水平	文化产业研发投入增量
		专利增加数量
		高校人员 R&D 全时当量
	文化产业经济指标	文化产业平均增长率
		文化产业平均投入产出比
		资产净收益率
	文化产业人力资源	相关从业人员平均收入
		从业人员满意度
		从业人员流动率

接着，笔者收集和整理了山东各地市 2010~2019 年的相关数据，总计 13 个观测变量、1690 个数据样本。然后，对以上指标进行描述性统计分析，分析结果如表 6-10 所示。

表 6-10 描述性统计分析结果

变量	个案数	最小值	最大值	平均值	标准差
山东发布关于文化产业指示条文数量（条）	10	4385	5406	4753.20	300.77
行业标准修订次数（影、艺、旅）（次）	8	2	17	11.63	4.984
文化产业业务增加比率（%）	9	3.9	6.9	5.389	1.0167
文化产业所占 GDP 比率（%）	10	0.031	0.035	0.033	0.0014
文化产业研发投入增量（万元）	9	339.20	1272.80	780.68	306.21
专利增加数量（项）	9	−481	1936	738.33	822.962
高校人员 R&D 全时当量	10	6871	8043	7458.00	491.153
文化产业平均增长率（%）	10	6.7	10.8	8.220	1.2506
文化产业平均投入产出比	6	0.151	0.172	0.16367	0.008914
资产净收益率（%）	10	−8.63	1.41	−0.8080	3.04571
相关从业人员平均收入（元）	10	75446.615	91533.385	81764.623	4894.938
从业人员满意度	6	3.3	3.6	3.417	0.1169
从业人员流动率（%）	10	20.6	29.3	24.010	2.9335
有效个案数（个）	6				

6.2.2 模型的构建

结构方程模型全称为 Structural Equation Model（SEM），SEM 常用来研究一个变量和其他变量之间的关系，该方法多用于社会科学的研究，如管理学、经济学等。但是结构方程模型作为分析工具也存在很大的局限性，只有把模型和实际情况相适配才能取得良好的拟合效果。因此，在进行 SEM 实证分析之前，需要加入部分适配性指标，如卡方自由比、近似误差均方差、比较拟合指数与规范拟合指数等内容，以保证模型的应用得到强化。在随后的模型构建过程中，将指标体系中的变量分为两部分，本书拟定 5 个层次为潜变量，13 个具体指标为显变量，即观测变量。

结构方程模型的构建流程大致分为四个步骤，分别为模型的构建、模型的拟合、模型的评价和模型的修正,如图 6-5 所示。

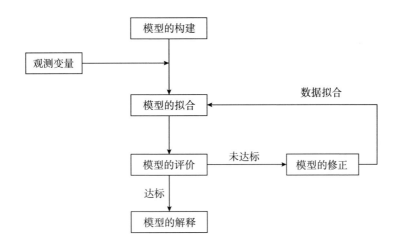

图 6-5　SEM 模型构建流程

首先为模型的构建。根据"山东文化产业转型升级的影响因素"的议题,拟定潜变量和观测变量,构建指标体系,随后结合 SEM 来对潜变量中的路径系数进行设定。

其次为模型的拟合。在进行 SEM 分析时,最终的目的是得到协方差矩阵与样本矩阵之间的最短距离,即得到山东文化产业转型升级影响因素中各影响因子影响程度的大小。因此需要对模型中的各项数据进行拟合,保证模型的有效性。

再次为模型的评价。在对 SEM 进行评价的过程中,主要评价内容为最终解是否符合客观规律,各项参数估值是否在合理范围之内,迭代是否收敛,各项参数的正负和大小是否与估值相同等,以上各项评价内容都需要通过卡方自由比、近似误差均方差、比较拟合指数与规范拟合指数等来实现。在完成检验之后,若各项参数符合标准,则进行模型解释;若不符合要求,则需要对模型进行修正。

最后为模型的修正。当拟合指数达不到标准值时,需要对 SEM 进行修正,通过对单个或多个变量的参数进行释放或限制来使各项参数能够符合标准值,从而进行模型的解释。

本书依据以上设定的山东文化产业转型升级影响因素的指标体系(5 个影响因素为潜变量、13 个具体指标为显变量)构建了结构方程模型(见图 6-6)。

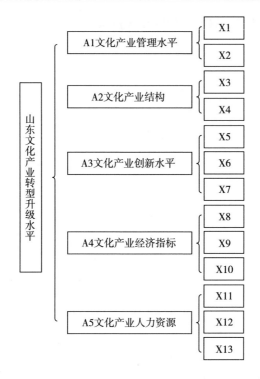

图6-6　山东文化产业转型升级影响因素的结构方程模型

　　山东文化产业转型升级影响因素的初始 SEM 模型为高阶因子分析，验证性因子分析只能验证影响山东文化产业转型升级的各个潜变量之间的联系，并不能反映出这5个方面的影响因素对转型升级的影响，因此需要对其进行二阶因子分析。

6.2.3　模型的检验

6.2.3.1　模型适配度检验
SEM 模型构建需要满足适配度检验，模型的适配度检验标准如表 6-11 所示。

　　根据本书拟定的指标体系，在对所有相关数据进行收集之后，本书整理了山东各地市 2010~2019 年的数据，其中，总计 13 个观测变量、1690 个数据样本，将其代入到 AMOS17.0 中，对各项数据进行拟合，拟合结果如表 6-12 所示。

表 6-11　SEM 各项参数适配度

分类	指数	划分标准
绝对指数	NC 卡方自由比	1~3 最佳
	GFI 拟合优度	越大代表体系越稳定
	RMSEA 近似误差均差	RMSEA<0.1，拟合度可接受 RMSEA<0.05，拟合度较高 RMSEA<0.01，拟合度极高
相对指数	CFI 比较拟合指数	0<CFI<1，CFI 越大，优度越高

表 6-12　初始 SEM 模型拟合结果

拟合指数	NC	GFI	RMSEA	CFI
结果	3.824	0.859	0.302	0.898

如表 6-12 所示，以上各项拟合结果基本符合 SEM 中的各项参数适配度，但需要进一步地对其进行修正。

6.2.3.2　验证性因子分析

当完成模型的拟合后，需对未达到模型适配度的观测变量进行修正，通过对路径限制以及在误差项之间增加路径的方式来提高模型的拟合度，以保证最终分析的科学性、有效性。

通过验证性因子来对 SEM 进行拟合，需要在各个路径之间加入一定的限制，这样才能使模型正常运转。为了实现应有的拟合效果，对 X1（山东发布关于文化产业指示条文数量）、X4（文化产业所占 GDP 比率）、X5（文化产业研发投入增量）、X9（文化产业平均投入产出比）、X13（从业人员流动率）的路径系数进行限制，限制其为 1。随后进行拟合，修正后的一阶因子系数结果如表 6-13 所示。

表 6-13　SEM 一阶因子系数结果

变量	标准化系数	SE	CR	P
A1 文化产业管理水平—A2 文化产业结构	0.400	0.231	2.521	0.027
A1 文化产业管理水平—A3 文化产业创新水平	0.262	0.227	1.411	0.205
A1 文化产业管理水平—A4 文化产业经济指标	0.891	0.258	5.415	0.001

续表

变量	标准化系数	SE	CR	P
A1 文化产业管理水平—A5 文化产业人力资源	0.518	0.261	3.402	0.000
A2 文化产业结构—A3 文化产业创新水平	0.418	0.134	2.668	0.022
A2 文化产业结构—A4 文化产业经济指标	0.366	0.229	2.265	0.042
A2 文化产业结构—A5 文化产业人力资源	−0.298	0.221	−1.819	0.099
A3 文化产业创新水平—A4 文化产业经济指标	0.719	0.244	4.676	0.000
A3 文化产业创新水平—A5 文化产业人力资源	1.113	0.275	6.203	0.001
A4 文化产业经济指标—A5 文化产业人力资源	0.591	0.231	4.200	0.000

根据表 6-13 可知，除 A1 文化产业管理水平—A3 文化产业创新水平和 A2 文化产业结构—A5 文化产业人力资源，其余各组均通过了显著性检验（P<0.05），整体效果较好，但是并不能盲目删除这两条路径，应当对该模型的理论意义和现实意义进行考虑，进而从拟合优度角度入手对其进行修正，其结果如表 6-14 所示。

表 6-14　修正后的 SEM 一阶因子系数结果

变量	标准化系数	SE	CR	P
A1 文化产业管理水平—A2 文化产业结构	0.409	0.225	4.608	0.004
A1 文化产业管理水平—A3 文化产业创新水平	0.518	0.224	3.725	0.006
A1 文化产业管理水平—A4 文化产业经济指标	1.060	0.273	5.961	0.001
A1 文化产业管理水平—A5 文化产业人力资源	0.726	0.245	4.715	0.000
A2 文化产业结构—A3 文化产业创新水平	0.413	0.228	2.691	0.020
A2 文化产业结构—A4 文化产业经济指标	0.473	0.216	3.556	0.003
A2 文化产业结构—A5 文化产业人力资源	0.577	0.230	4.001	0.001
A3 文化产业创新水平—A4 文化产业经济指标	0.719	0.244	4.681	0.000
A3 文化产业创新水平—A5 文化产业人力资源	1.113	0.263	6.219	0.001
A4 文化产业经济指标—A5 文化产业人力资源	0.524	0.271	4.328	0.002

在对 SEM 中的观测变量之间的误差项进行修正时，AMOS 给出了修正系数，通常情况下需要在参照此修正系数的基础上，从现实生活中考虑两个变量之间存在的联系，进而确定修正系数，如表 6-15 所示。

表 6-15 初始模型修正系数

变量	MI	Par
X1—X4	7.371	0.358
X13—X5	5.162	−0.150
X9—X1	13.355	−0.045

如表 6-15 所示，X1—X4 的修正系数最高，在实际生活中，X1（山东发布关于文化产业指示条文数量）和 X4（文化产业所占 GDP 比率）之间的联系程度较高，随着山东文化产业指示条文数量的变化，政策向文化产业相倾斜，因此文化产业的 GDP 占比随之增加。在确定误差项的修正之后，根据以上修正参数通过 AMOS 对其进行修正，最终得到修正后的观测变量的非标准化路径系数，如表 6-16 所示。

表 6-16 修正后的观测变量的非标准化路径系数表

变量	标准化系数	SE	CR	P
A1 文化产业管理水平—X1 山东发布关于文化产业指示条文数量	1.000	—	—	—
A1 文化产业管理水平—X2 行业标准修订次数	0.978	0.170	16.445	0.001
A2 文化产业结构—X3 文化产业业务增加比率	0.997	0.195	10.606	0.004
A2 文化产业结构—X4 文化产业所占 GDP 比率	1	—	—	—
A3 文化产业创新水平—X5 文化产业研发投入增量	1	—	—	—
A3 文化产业创新水平—X6 专利增加数量	0.927	0.100	9.264	0.000
A3 文化产业创新水平—X7 高校人员 R&D 全时当量	0.827	0.283	4.270	0.000
A4 文化产业经济指标—X8 文化产业平均增长率	0.723	0.298	3.389	0.002
A4 文化产业经济指标—X9 文化产业平均投入产出比	1	—	—	—
A4 文化产业经济指标—X10 资产净收益率	0.739	0.296	3.504	0.001
A5 文化产业人力资源—X11 相关从业人员平均收入	1.049	0.266	6.242	0.001
A5 文化产业人力资源—X12 从业人员满意度	0.918	0.269	5.221	0.000
A5 文化产业人力资源—X13 从业人员流动率	1	—	—	—

最终，经过修正的 SEM 标准化路径如图 6-7 所示。

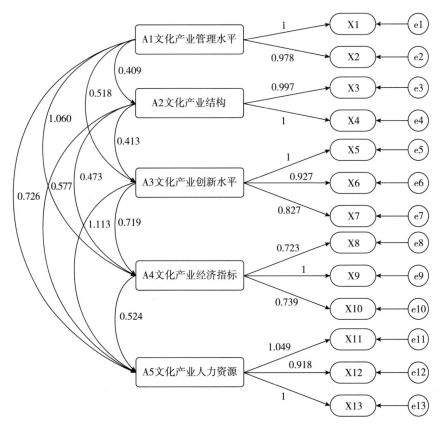

图 6-7　修正的 SEM 标准化路径

6.2.3.3　二阶因子分析

通过上述验证性因子分析，对山东文化产业转型升级影响因素之间的相互关系进行了验证，随后本文通过二阶因子分析（将路径数量设置为 1）来确定山东文化产业转型升级和各个影响因素之间的关系。

二阶因子分析的步骤与验证性因子分析的方法相同，通过 AMOS17.0 进行拟合和修正。其拟合结果如表 6-17 所示。

表 6-17　二阶因子 SEM 拟合度

拟合指数	NC	GFI	RMSEA	CFI
结果	3.983	0.971	0.499	0.916

随后对其进行了二阶因子分析，山东文化产业转型升级水平影响因素的二阶因子分析的非标准化路径系数如表 6-18 所示。

表 6-18 山东文化产业转型升级影响因素 SEM 二阶因子分析结果

变量	标准化系数	SE	CR	P
山东文化产业转型升级水平—A1 文化产业管理水平	0.985	0.183	12.196	0.002
山东文化产业转型升级水平—A2 文化产业结构	0.370	0.215	2.614	0.084
山东文化产业转型升级水平—A3 文化产业创新水平	0.835	0.190	10.503	0.002
山东文化产业转型升级水平—A4 文化产业经济指标	0.398	0.225	2.620	0.017
山东文化产业转型升级水平—A5 文化产业人力资源	0.883	0.204	9.437	0.001

由于山东文化产业转型升级水平—A2 产业结构的 P 值>0.05，对 SEM 模型进行了修正，在 X5、X6、X7 之间建立了路径，在 A3 和 A1、A2、A4、A5 也建立了路径，最终得到的修正结果如表 6-19 所示。

表 6-19 山东文化产业转型升级影响因素 SEM 二阶因子分析修正结果

变量	标准化系数	SE	CR	P
山东文化产业转型升级水平—A1 文化产业管理水平	0.983	0.271	9.632	0.001
山东文化产业转型升级水平—A2 文化产业结构	0.553	0.262	3.572	0.003
山东文化产业转型升级水平—A3 文化产业创新水平	0.930	0.204	8.466	0.000
山东文化产业转型升级水平—A4 文化产业经济指标	0.412	0.294	4.728	0.009
山东文化产业转型升级水平—A5 文化产业人力资源	0.859	0.198	8.219	0.000

经过修正的 SEM 二阶因子的标准化路径，如图 6-8 所示。

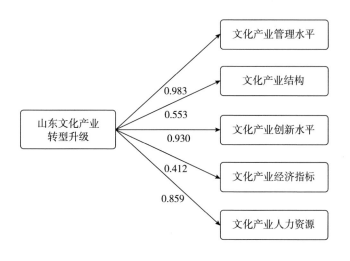

图 6-8 修正的 SEM 二阶因子的标准化路径

6.2.4 实证结论

本节通过结构方程验证了山东文化产业转型升级水平的影响因素，选取的 5 个主成分因子对山东文化产业转型升级的影响，5 个主成分因子依次为文化产业管理水平、文化产业创新水平、文化产业人力资源、文化产业结构和文化产业经济指标，所对应的影响程度大小分别为 0.983、0.553、0.930、0.412 和 0.859。具体分析如下：

（1）山东文化产业的管理水平与文化产业转型升级高度相关。政府政策、投融资机制、税收机制等是文化产业管理的主要内容，较高的文化产业管理水平可以促进产业的转型升级；反之，则会产生阻碍作用。

（2）山东文化产业的创新水平与文化产业转型升级高度相关。这表明文化产业的创新能力在产业转型升级的过程中发挥着重要作用，创新能力越高，文化产业转型升级越快。因此，山东文化产业的转型升级应该重视科技的进步以及科技成果转化效率的提升。

（3）山东文化产业的人力资源与文化产业转型升级的相关度较高。这表明人力资本的数量与质量都与文化产业转型升级息息相关，因此山东应该重视文化产业人才培育，并且着力思考如何吸引、引进文化产业人才并如何留住人才。

（4）山东文化产业的产业结构与文化产业转型升级的相关度相对较低。这种相关性与山东的省情有着密不可分的联系，一方面，山东的国有企业众多且实力强大，特别是其中的文化企业多属于传统的文化产业行业部门，使得山东文化产业的发展忽视了对新兴业态的培育；另一方面，新业态的培育和发展往往需要一定的周期，测算的数据只是对当前状况的反映，并不能完全代表新业态在文化产业结构中的未来表现。

（5）山东文化产业的经济指标与文化产业转型升级的相关度最低。这表明文化产业经济指标对转型升级的推动作用不突出，这在一定程度上增加了山东文化产业转型升级的难度。由于单纯的经济指标难以完全反映文化产业转型升级的状况，同时投入产出比、资产收益率等因素又与文化产业的可持续发展密切相关，因此提高文化产业资源的利用效率与满足居民的文化消费需求，是山东文化产业转型发展必须面对的重要课题。

6.3 本章小结

本章通过对山东出版集团、台儿庄古城文化产业园以及山东影视传媒集团三个典型案例的分析，对山东文化产业转型升级的影响因素进行了阐释，目的在于由点及面，由个别上升到一般，提炼出具有普遍性的共性结论。以此为基础，结合文化产业的特殊性，构建了山东文化产业转型升级影响因素的指标体系，并以结构方程模型作为分析工具，具体分析了文化产业管理水平、文化产业结构、文化产业创新水平、文化产业经济指标以及文化产业人力资源等因素对山东文化产业转型升级的影响程度。实证分析结果表明，文化产业管理水平、文化产业创新水平以及文化产业人力资源对转型升级的影响较为突出，这就要求进一步地优化政策环境、加大科技研发力度并积极推进产业融合、建设新的产业体系、重视人才的培育。同时，尽管文化产业结构和文化产业经济指标的影响程度不如上述3个因素，但是它们的作用也不容忽视，因此大力要推动文化资源的资本化转化的力度，完善文化市场机制，通过系统性、全方位的多重举措推动山东文化产业转型升级进程的加快。

7　山东文化产业转型升级的
对策与政策建议

7.1　山东文化产业转型升级的外部环境

当前，世界经济失衡的态势愈演愈烈，全球化进程步履蹒跚，再加上突发性新冠疫情在全球的蔓延，这些因素叠加在一起，都增大了世界经济持续低迷的可能性。面对全球经济发展的动荡与不确定，文化产业发展的转变之势已不可避免。面对风云变幻的国际形势，世界各国在反思自身工业化道路的同时，也在新一轮的科技革命和产业革命中寻求文化产业转型升级之路。因此，山东文化产业转型升级的策略选择，必须立足于国际与国内的双重背景去思考。

7.1.1　全球产业发展趋势

迄今为止，全球经济的发展已经历了多个经济长波阶段。经济长波理论①最初由尼古拉·康德拉季耶夫（Nikolai D. Kondratieff）明确地提出，熊彼特（Joseph Alois Schumpeter）在此基础上加入创新元素形成了技术创新长波理论②，此

---

① 经济长波理论，即经济会在一定时期呈现较长时间上涨、而随后又会转为较长时间下降的周期性循环过程，最早出现于19世纪末。

② 技术创新长波理论，即一定时期内，以"群聚"形式出现的创新的作用是叠加的，初期阶段利润率会在叠加效应下不断上升，后期阶段利润率又会随着技术的扩散而不断下降，从而形成整个经济的周期波动。见约瑟夫·熊彼特. 经济发展理论［M］. 牛张力，译. 北京：中国社会出版社，1999：280-284.

后，冯·丹因（Von Dan）进一步提出了创新生命周期理论，该理论认为，创新的生命周期与长波的阶段相对应。[①] 根据专家学者的研究，文化产业发展周期的变化趋势稍稍滞后于经济长波的起伏波动，两者呈现出息息相关的状态（见图7-1）。[②] 文化产业的发展总是伴随着经济的起伏波动而发生变化。经济的发展解决了人类的生理和安全需求之后，促使人们开始产生了更高层次的精神文化需求，这一需求不仅不断催生出许多新的文化产品和服务，而且推动了文化产业行业门类的健全和完善，进而引起文化产业发展周期的形成。因此，从一定意义上说，经济的发展影响了人类需求的外在变化，人们精神文化需求决定了人类需求的内在变化，文化产业发展正是为满足人的内在需求而出现的。随着人们精神文化需求质量的不断提升，新的文化创意和科技创新逐渐取代了原有的文化产业创意和科技成果，在此过程中，实现了新旧产业周期的对接。在创意化、个性化、科技化、便捷化的精神文化需求的影响下，全球文化产业的变革随之而来。

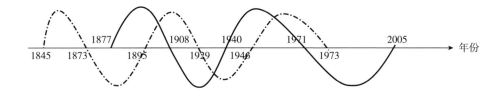

图 7-1　经济长波与文化产业周期波动的对应关系

注：——为文化产业发展周期长波，------ 为冯·丹因划定的经济长波。

当前，世界多极化与经济全球化在动荡中步履蹒跚，各国文化产业的发展深受经济周期性变化、产业波动危机以及突发性公共事件的多重因素的影响。世界经济环境的深刻变化必然引发了全球产业格局的调整，文化经济领域成为各国改变自身地位和提升综合实力的新的角斗场。面对严峻的经济形势，文化产业发达国家为保持自身的竞争优势有意识地降低了对外投资的力度，全球文化贸易和文化投资的增长受到遏制；发展中国家为提升自身在文化产业全球价值链中的地位，不得不加大科技研发的投入，以加速文化产品和服务的升级。从文化贸易的

---

①　科学技术的周期体现在新技术出现、扩散、成熟和衰落4个阶段，这与宏观经济波动的复苏、繁荣、衰退和危机4个阶段有一定的对应关系。见王德成．生产力经济学［M］．北京：中国农业大学出版社，2005：137.

②　胡惠林．文化产业发展的中国道路——理论·政策·战略［M］．北京：社会科学文献出版社，2018：149.

产生到文化市场的形成，再到文化产业体系的建立和完善，在全球化浪潮的推动下文化产业尽管突破了时间与空间的限制，但却永远无法超越意识形态的界限。在经济与文化的双重语境压力下，文化产业迫切需要进行产业体系的革命，借助文化创意的融入带动传统产业的振兴，通过掌握新的科学技术突破文化传播的桎梏。

科学技术环境的变化与文化产业的发展密切相关，新的科学技术的出现也必将影响全球文化产业的发展态势。当前，世界正在进入科技创新的新时代，以5G、人工智能、大数据、区块链等为代表的新兴技术成果正在加速文化产业的变革，它们也助力文化资源的保护与开发，创新文化产业的组织形态，重塑文化消费的场景体验，引领了文化产业的发展潮流。随着5G时代的到来和数字创意生态系统的建设与完善，文化产品的生产、传输和消费的载体也在悄然改变，数字经济正在并将持续重塑文化产业的产业体系。大数据对消费者的精准定位，人工智能对文化产业创意与生产的介入，区块链对文化创意的分享与知识产权的保护，VR、AR、MR、CR技术对文化体验带来的深化变革，这些新兴技术大大提高了文化产业生产端和市场端对接的效率，不断催生出新的文化产业业态和商业模式。

7.1.2　国内经济发展动态

罗斯托（Walt Whitman Rostow）将世界经济的发展历程划分为传统社会阶段、为起飞创造前提条件阶段、起飞阶段、走向成熟阶段以及大众高消费阶段五个阶段，此后，他又在《政治与成长阶段》一书中，补充了第六个阶段——追求生活质量阶段①。根据表7-1可以发现，经济起飞阶段对应的是工业化的初期，追求生活质量阶段对应的是后工业化时期，这是经济发展的两个关键性阶段。当前，我国的经济体量已经跻身于世界前列，根据国家统计局公布的数据显示，2019年我国的经济规模约14.4万亿美元，占世界总量的16.6%左右，对世界经济增长的贡献达到30%，人均GDP已经超过1万美元，城镇化率上升到了60.6%②，房地产、汽车、家用电器等耐用消费品的生产已经基本进入饱和状态，

---

① 华尔特·惠特曼·罗斯托.经济增长的阶段：非共产党宣言［M］.郭熙保，王松茂，译.北京：中国社会科学出版社，2001：4-10.

② 国家统计局.中华人民共和国2019年国民经济和社会发展统计公报［EB/OL］.http：//www.stats.gov.cn/tjsj/zxfb/202002/t20200228_1728913.html，2020-02-28/2020-04-24.

这些都表明中国已经开始逐渐进入追求生活质量的阶段。当前，我国社会的主要矛盾已经发生根本性转变，人民日益增长的美好生活需要正是前一阶段社会经济发展成果的反映。精神文化需求是美好生活需要的关键性组成部分，人们对于商品的购买都将上升为文化符号的消费。根据商务部披露的信息显示，我国实际文化消费规模在 2013 年就已超过了 1 万亿元，这与 4.7 万亿元的实际消费潜力相比，仍有较大的缺口①。在这样的状况下，文化产业将要承担起重要的使命，即通过创意与创新活动向市场提供更多的符合美好生活需要的文化精神产品和服务。

表 7-1   罗斯托的"经济发展阶段论"

阶段	名称	特征
第一阶段	传统社会阶段	不存在现代科技，主要依靠手工劳动，农业居于首位
第二阶段	为起飞创造前提条件阶段	从传统社会向起飞阶段过渡的时期，近代科学知识开始在工农业中发挥作用
第三阶段	起飞阶段	工业化的开始阶段，新技术在工农业中得到推广和应用，投资率上升，工业中主导部门迅速增长，农业劳动生产率空前提高
第四阶段	走向成熟阶段	现代科技得到普遍推广和应用，经济持续增长，投资扩大，新工业部门迅速发展，国际贸易明显增加
第五阶段	大众高消费阶段	主导部门转到耐用消费品生产方面
第六阶段	追求生活质量阶段	主导部门是服务业与环境改造事业

当前，"新常态"是我国经济发展的重要阶段性特征。改革开放以来，受政策红利、人口红利等因素的影响，我国的 GDP 年均增长速度始终保持在两位数，这一增速从 2012 年开始下降到个位数（7%），中国经济开始了增速的阶段性回落。中国经济发展进入新常态后，整个经济体系都将迎来较大的变革——经济发展速度的放缓，经济发展结构的调整与优化，经济发展动力的转换，对外开放重心的变化。在经济"新常态"的宏观背景下，我国社会经济的转型发展面临着增速换挡、人口红利减退以及中美贸易摩擦加大等难题。因此，中国经济的发展若想顺利实现增速换挡，就必须大力推进产业转型升级。当前，资源的日渐枯竭、投资效率的大幅下滑、环境的持续恶化，加剧了国内工农业增长的压力。作为战略性新兴产业的文化产业，由于具有较强的产业融合性和经济渗透性特征，

---

①   杨君. 靠创新激活消费潜力［N］. 光明日报，2014-01-22（014）.

它与其他产业的融合发展是国民经济战略性调整的重要方向。

我国社会经济主要矛盾的转变，在本质上反映的是社会总需求和社会总供给之间的不匹配问题。因此，供给侧结构性改革是我国社会经济发展的又一突出的阶段性特征。改革开放以来，我国依靠传统的投资、消费和出口的"三驾马车"，解决了经济总量的问题，但是这些举措的出发点是站在需求侧的角度，难以从根本上触及供给侧的问题。经过40多年的发展，国内市场陷入了市场需求与产品供给错配的困境，以房地产、汽车等为代表的传统产业部门出现了严重的结构性产能过剩，以5G、人工智能、互联网为代表的新兴产业部门的供给又难以适应市场需求的变化，严重过剩与相对短缺的难题亟待破解。早在2015年，习近平总书记在主持召开的中央财经领导小组第十一次会议时就强调："在适度扩大总需求的同时，着力加强供给侧结构性改革，着力提高供给体系质量和效率，增强经济持续增长动力，推动我国社会生产力水平实现整体跃升。"① 供给侧结构性改革的本质就是通过提高供给质量，实现经济结构的调整和优化。我国文化产业领域同样面临供给侧结构性改革的课题，供需错配的矛盾同样突出。以电视剧生产为例，2018年全国生产完成并获得《国产电视剧发行许可证》的剧目共323部，13726集，但是2019年上半年在省级卫视晚黄金档播出的首轮剧仅有69部，这就意味着2018年制作完成的电视剧只有21%的数量按计划完成了播出，剩余的大量制作完成的电视剧被积压了。由此可见，当前我国文化产业的发展急需通过供给侧结构性改革来调整和优化产业结构，提高供给的效率和水平。

7.1.3　区域经济发展环境

改革开放以来，山东的经济不断攀升，经济结构持续优化，科技创新能力不断提高，对外开放水平持续提升，区域经济融合协调发展，基础设施建设不断完善，全省正处在由大到强的关键性转变阶段。自改革开放至今，山东的GDP总量稳居全国前三位，是全国第9个人均GDP突破1万美元大关的省份，产业结构由"二三一"转变为"三二一"，后工业化阶段特征越来越突出。总体而言，山东是以发达的工业和农业为核心的传统经济大省，国有经济实力雄厚，民营经济多依附于政府和国有企业发展。

---

① 新华社. 全面贯彻党的十八届五中全会精神落实发展理念推进经济结构性改革［N］. 人民日报，2014-11-11（001）.

尽管从经济发展的态势来看，山东的多项经济发展指标均居全国前列，但是"标兵"渐远、"追兵"渐近的态势已成为山东经济发展的"心头之痛"[①]。山东与广东、江苏的 GDP 差距已由 2008 年的 5860 亿元和 50 亿元，分别扩大到 2018 年的 2.08 万亿元和 1.61 万亿元[②]，与头部省份之间的经济差距越来越大。与此同时，京津冀的协同发展、长三角的持续增长以及中原地区的迅速崛起，大有赶超山东之势。此外，尽管山东的产业结构已经实现了根本性的转变，但是质量效益水平与广东、江苏相比仍然较低。粤苏两省的第一大行业均为科技含量更高的计算机通信制造业，而山东的能源和原材料产业占比超过 40%，能源消耗接近全国总量的 1/10，资源型经济的特征仍然十分突出，这就导致全省面临产业层次不高、质量效益较低、污染排放压力较大的经济发展难题。

进入经济发展新常态后，山东与全国经济发展的形势基本一致，普遍面临经济发展速度变缓、经济结构调整的问题。面对全球产业发展趋势和国内经济发展环境的变化，山东率先启动了新旧动能转换工程。根据《国务院关于山东新旧动能转换综合试验区建设总体方案的批复》的指导意见，山东陆续出台了《山东省新旧动能转换重大工程实施规划》《中共山东省委、山东省人民政府关于推进新旧动能转换重大工程的实施意见》等政策文件，着力培育"5+5"十强产业，其中文化创意以传统优势产业当选。山东文化产业的发展应该抓住新旧动能转换的有利契机，合理、高效地利用好各项有利政策，最终实现产业的转型升级。

7.2 山东文化产业转型升级的对策

文化产业转型升级涵盖了文化产业发展方式的转变，推动文化产业发展由资源型、粗放化转变为创意型、集约化发展，这是实现文化产业高质量发展的必由之路。因此，山东文化产业的转型升级，必须通过技术要素的融入带动整个产业结构的高级化、合理化，借助融合发展之势带动文化产业业态的创新，通过提升文化资源的转化效率将资源优势转化为产业优势，借助市场机制的完善带动文化

---

① 周群峰.山东：经济大省因何主动"示弱"[J].决策探索（上），2018（4）：67-71.
② 姚冬琴.31 省份 GDP 总量、增速大比拼：谁富可敌国？谁增长垫底？[J].中国经济周刊，2019（4）：30-33.

产业新体系的构建，通过文化产业集群实现区域文化产业的协同发展。

7.2.1 推动文化产业技术进步

科学技术的进步是文化产业转型升级的关键动力，无数科技成果渗透到了文化产业领域的方方面面，科技水准的高低深刻地影响着文化产业转型升级的水平。以科学技术的进步为支撑，推动文化产业从低效的外延式扩张转向高效的内涵式发展，着力解决文化产业结构低层化的难题，是山东文化产业转型升级的重要路径。因此，推动山东文化产业结构的优化和升级，需要综合运用现代高科技手段改造和提升传统文化产业行业的技术水准，同时借助科技创新的力量积极培育和发展新型文化产业业态。

利用先进的科学技术带动传统文化产业行业技术手段的升级，改良文化产品的生产、传播和销售方式，进而提高广播影视、图书出版、演艺娱乐、文化旅游、文博会展等传统文化产业行业的技术含量和科技附加值。对于前沿性科技成果的应用，是实现传统文化产业行业技术升级的主要路径。具体来看，加快移动通信网络、宽带光纤等基础设施的建设以及广电系统技术装备的更新，通过双向数字化网络的建设逐步实现全省广播电视数字化技术的升级，提升广播电视的传播水平；利用数字化技术提升影视产业的生产和传输水平，推动 VR、AR、MR 等新技术在影视生产和消费领域的应用，提高全省数字影院的覆盖面；鼓励运用先进的科技手段改造传统舞台技术和娱乐设备，提升演艺娱乐业的审美体验感；利用数字化技术提升出版、印刷行业的技术装备水平，加快出版产业的高科技转型，积极发展互联网出版、手机出版等数字出版形态；利用大数据平台、数字化技术等手段，推动 VR 游戏、AR 导览和全息投影等高新技术在文化旅游业的实践应用，增强文化旅游的互动性和沉浸式体验。

积极推进信息化、数字化等新型基础设施的建设，催生和培育创意设计、网络文化服务、移动多媒体以及动漫游戏等新型文化产业业态。新型文化产业业态需要前沿核心技术为支撑，谁掌握了新型文化产业业态的核心技术，谁就占据了新业态发展的制高点。因此，山东应抓住当前"新基建"建设的有利契机，大力发展高新技术产业，抢占新一轮技术革命和产业革命的战略制高点，积极培育、发展和完善创意设计、网络文化服务、移动多媒体和动漫游戏等领域的共通性技术。同时，山东还需要将突破文化产业发展的核心技术和关键技术作为培育新型文化产业业态的有力抓手，以先进科技和创新能力作为支撑尽快赶超并形成能够得到国际认可的行业技术标准，争取占据新型文化产业业态全球产业链的前端，通过文化产业链的辐射和带动作用，提高文化新业态在全省文化产业结构中的比重，最终实现山东文化产业结构的优化与转型。

7.2.2   促进文化产业融合发展

融合之势不仅是全球化背景下的经济社会常态，而且也是各个产业转型升级的重要路径。党的十八大报告明确提出"促进文化和科技融合，发展新型文化业态，提高文化产业的规模化、集约化、专业化水平①"。高关联性、强渗透性是文化产业突出的属性，这一属性使其与众多的经济要素和其他产业形态之间产生了天然的耦合关系。因此，要充分利用文化产业这一与生俱来的先天优势，以融合发展的方式推动山东文化产业的转型升级。文化产业与其他产业一样，基于技术路线的融合是所有产业共通的融合发展路径，此外，文化产业还有着独有的基于文化路线的融合之路。因此，融合发展是推动山东文化产业转型升级的重要路径，在文化产业实践过程中，要以"文化+""互联网+文化产业"的逻辑具体展开。

"文化+"是指在遵循文化内涵的前提下，将文化价值与其他产业经济要素相融合，以提升相关文化内容的审美体验感，增加相关文化产品或服务的文化附加值。当前，"文化+"正成为山东文化产业发展的新供给要素，文化的跨界融合以"文化+科技""文化+旅游""文化+资本"等方式展开，展现出横纵交织与深度交融的新态势。文化与科技的融合，可以创新并优化文化产业的生产要素，为受众提供丰富多样的新产品、新服务。山东在推进"文化+科技"的过程中，要以二者融合创新的顶层设计为核心，以"平台—资源—能力"为融合创新路径，将前沿性的科技成果融入到文化产业运行的各个环节中，提升文化产业运行的效率。在具体的产业实践中，一是以海尔、海信、歌尔股份等高科技企业为龙头，做大做强文化产业相关的智能穿戴、影音服务等文化产业基础行业；二是以山东出版集团、大众报业集团、山东广电集团等龙头文化企业为核心，增加传统文化产业行业的科技含量，提升相关文化产品和服务的文化体验性；三是以先进科技为支撑，发挥齐鲁大地深厚的历史文化资源优势，做活做强文博产业。

---

①   胡锦涛.坚定不移沿着中国特色社会主义道路前进   为全面建成小康社会而奋斗——在中国共产党第十八次全国代表大会上的报告［N］.人民日报，2012-11-18（001）.

文化与旅游的互动、融合是山东文化产业转型升级的重要方向，要深入挖掘独具地域特色的历史文化资源、红色文化资源和滨海文化资源，将文化的审美体验作为文旅融合产业的交叉点和融汇点，以"好客山东"的文化品牌为内核，围绕龙头文旅企业评选、文旅融合发展试点、旅游演艺项目策划、文创产品开发、智慧文旅平台建设以及假日旅游体验等内容提升传统旅游业态的质量，同时，积极培育和发展工业旅游、康养旅游、研学旅游、文体旅游等新型文化旅游业态。加快文化与资本的融合步伐，建立和完善文化产业金融服务体系，建立健全涉及文化项目投融资、文化资本运营、文化基金管理与运营以及文化金融服务等内容的平台体系，以山东文化产业投资集团为龙头，以济青烟威等地市的文化产业投资公司为支撑，重点投资影视、互联网、文化教育、文化旅游、文化金融等文化产业板块，为全省文化产业转型升级营造良好的资本市场环境。

"互联网+文化产业"是指运用移动互联网、云计算、大数据、物联网等信息技术，推动文化产业技术进步、效率提升和模式变革，提升文化创新力和发展力，形成更广泛的以互联网为基础设施和创新要素的文化产业发展新形态。[1] 从总体上看，互联网与文化产业的互动和融合，能够形成多网、多终端的文化市场形态，可以重构文化产业的价值链和业务链，创新文化产业商业模式，构建"文化资源—创意策划—产业运行—企业集聚—文化生态—商业互联"的良性循环系统，逐步培育和发展出交叉融合型、创新引领型、版权授权型和深度体验型等文化产业新型业态。在山东文化产业转型升级的过程中，要着力弥补互联网公司数量少、实力弱的弊端，通过政策引导、信息共享、知识产权保护等举措为"互联网+文化产业"营造良性生态，以文化创意、新媒体、数字出版、网络视听、文化电商等为核心带动新型文化产业业态的培育和发展；要引进国内外知名的互联网公司，依托先进的互联网技术为文化产业发展所需的大数据、版权交易、市场信息、文化资源等内容建设公共平台；要为省内传统的文化企业与成熟的互联网公司开展多种形式的合作创造条件，重点培育具备互联网与文化产业双重属性的龙头文化企业，引导具备互联网潜质的中小文化企业向专业化、精细化、特色化、新颖化方向转型升级；要积极开展创业创新孵化行动和文化电商培育行动，支持各类创新主体在互联网上进行文化的创业创新，建设文化电子商务平台，发

---

① 山东省人民政府．山东"互联网+文化产业"行动方案［EB/OL］．http：//www.shandong.gov. cn/art/2016/2/22/art_2259_27318.html，2015-02-22/2020-02-24.

展O2O、C2B等新型电商模式，加快建设"淘宝山东特色馆"；要运用互联网前沿技术与科技成果，推进媒体融合和三网合一，积极发展视听新媒体业务和推进"智慧城市""智慧社区"建设。

7.2.3 提高文化资源转化效率

山东是名副其实的文化资源大省，文化资源丰富多样、特色鲜明，既是齐鲁文化的突出特征，又是发展文化产业的优势所在。但是，文化资源配置不合理、文化资源开发的创新能力不足等问题的存在，导致文化资源优势没有转化为文化产业强势。所以说，提高文化资源的转化效率，就成为山东文化产业转型升级的重要抓手和关键路径。要协调好文化资源保护与开发的难题，这不仅关系到文化资源的可持续利用，而且更与文化产业转型升级息息相关。因此，加强文化资源的评估与保护，推动文化资源的活化利用，就成为提高山东文化资源转化效率的重要支撑。

对文化资源进行全面的普查和评估，建立科学的文化资源数据库，是科学保护与有效开发文化资源的基础。受自然环境和历史演进的影响，山东的文化资源呈现出"广泛分布、局部集中"的特点，这在一定程度上造成了文化资源普查、评估的困难。因此，要运用先进的数字化技术对不同地域的特色文化资源进行专项调查研究，尝试建设全省文化资源共享与保护的数据服务平台（见图7-2），就成为攻克这一难题的关键。首先，由公共文化机构、文化生产机构和高校科研机构运用文字、图像、数字化多媒体等影音工具对全省各种类型的文化资源进行全面的收集整理和标准化的数据处理；其次，利用互联网平台将标准化的文化资源数据上传于云服务平台，建立资料性符号库和素材数据库；最后，各文化资源开发与保护机构访问云端数据，分享和利用文化资源相关的知识和技术，开展文化资源的生产与消费活动。在整个闭环系统中，利用互联网平台实现全流程的连接，同时，搭建专业的智库和学术咨询平台，负责动态监测文化资源保护与开发的效果。

深入挖掘齐鲁文化的内涵，赋予现代性的创意元素，是活化利用文化资源和实现文化资源资本化转化的关键。山东有着丰富多彩的文化资源，以孔孟为代表的圣人文化享誉全球，以泰山、蒙山为代表的山文化声名远扬，以泉水、黄河、海洋为代表的水文化源远流长，以"武圣"孙子、"书圣"王羲之、"智圣"诸葛亮等为代表的名人文化代代相传，此外，特色鲜明的民俗文化、节庆文化深受

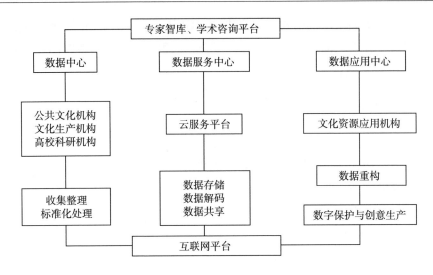

图7-2 山东省文化资源数据服务平台

百姓的喜爱。对于各类文化资源的开发不能简单地套用同一种模式，而是应该在分类评估、深挖内涵的基础上，探索差异化的开发利用之路。一方面，充分挖掘齐鲁文化背后的各类素材，将一些名人轶事、神话传说、民间故事改编为影视作品、动漫游戏，突出其文化内涵，提高本土原创能力。另一方面，以"创新"激活传统文化资源的"生命力"，运用文化创意手法和科学技术手段，赋予其现代时尚元素，增加新的文化内容和新的呈现方式，从而创新文化资源的当代性转化形式。这方面既可借鉴"秦淮礼物""深圳礼物""故宫文创"的成功经验，通过联合开发、政府购买、艺术授权等多种方式与知名的文创企业合作，盘活山东的文化资源；也可以参照实景演出《印象·刘三姐》、红色实景演出《井冈山》、山水音乐剧《刘海砍樵》等成功案例，将现代流行音乐、舞蹈、高科技声光电等元素融入山东秧歌、吕剧、茂腔、柳腔、皮影戏等地方戏曲中，使这些民间艺术焕发出新的生命力。

7.2.4 加快现代文化产业体系建设

加快现代文化产业体系建设，不仅是消除文化产业发展的梗阻以及激发产业活力的关键，而且是加速文化产业转型升级的重要举措。在《中共中央关于深化文化体制改革推动社会主义文化大发展大繁荣若干重大问题的决定》中，明确提出了现代文化产业体系的建设标准，即结构合理、门类齐全、科技含量高、富有创意、竞争力强。当然，这一标准的制定既是对文化产业发展形势的宏观把握，又是基于市场需求做出的明智选择。因此，发挥市场在资源配置中的决定性作用，是建设现代文化产业体系的基础，市场机制的完善是构建现代文化产业体系的重要保障。

在现代文化产业体系的建设上，要根据文化消费需求的变化，构建文化产业体系的基本框架。正如前文所言，推动文化产业发展模式的转变，是当前文化市场对文化产业发展提出的要求，为此，一方面，要统筹推进文化产业带、文化产业基地和文化产业园区建设，借助产业带、园区、基地的吸引力，带动文创项目的招商引资和文化企业的集聚，带动文化产业的快速发展；另一方面，在新闻服务、广播影视、图书出版、网络文化服务、创意设计等重点文化产业领域，培育一批成长性好、发展潜力大、市场前景广阔、竞争优势突出、产业关联性强的文化企业或企业集团，形成文化产业集团、龙头文化企业带动各类文化产业协同发展的产业生态系统。与此同时，文化市场个体消费需求的个性化、便捷化、创意化、智能化，必然带来数字内容产业、互联网文化产业、新媒体产业等新型文化产业业态的发展，推动相关产业系统的建立和完善。对山东而言，数字出版、影视产业、互联网服务、新媒体等文化产业在融合发展的过程中不断推动其升级换代。

在现代文化产业体系建设上，借助市场竞争的力量培育文化市场主体，加快文化要素市场和文化产品流通体系的建设。建设现代文化产业体系，必然面对新旧产业组织博弈的难题，对旧产业组织的政策扶持和保护只能是短期之策，最终还是需要借助市场竞争的力量，实现文化市场主体的优胜劣汰。为此，一方面，要深入推进文化领域的转企改制工作，建立现代企业制度，深化企业内部劳动、人事、分配等方面的改革，转换国有文化企业的经营管理机制，形成成熟的文化市场主体；另一方面，降低文化市场的准入门槛和技术标准，鼓励非公有资本进入政策许可的文化产业新领域，培育和壮大民营中小文化企业的力量和规模。最终，通过国有文化企业的改革和民营文化企业的发展壮大，形成多种所有制结构并存的、规范的、竞争有序的文化市场主体。同时，在文化市场主体达到一定数量规模后，鼓励文化企业之间开展兼并重组或建立战略发展联盟，积极推进国有文化产业集团与民营文化产业公司进行多种形式的合作，鼓励实力强劲的文化产业集团上市融资，真正培育出一批优势突出、竞争力强的龙头文化企业。此外，建立和完善文化市场交易平台，促进资本、版权、技术、信息、人才等文化要素市场的快速成长，利用连锁经营、商标授权、电子商务等新经济形态，加快现代文化产品流通体系的建设，打通文化产品从生产到消费的"最后一公里"。

7.2.5 协调区域文化产业集群发展

当前，区域文化产业发展不平衡的问题，已经严重制约着山东文化产业转型升级的整体推进。从产业周期理论来看，强大的支柱产业群是实现持续经济增长的有力保障。[①] 因此，根据山东文化资源的空间布局状况，结合各个地区的空间位置、社会经济状况以及文化产业发展水平，确立差异化、多元化和特色化的优势文化产业，以其为核心带动关联产业的发展，进而形成有机联系的文化产业集群，走集群化发展道路，推动文化产业转型升级。山东文化产业的集群发展，既要重视微观视角下文化产业园区的建设，也要注重宏观视角下文化产业带的空间构建。

推动文化产业园区的转型发展，是提高文化产业园区发展质量和经济效率的关键，更是实现区域文化产业快速发展和推动全省文化产业转型升级的重要支撑。山东的文化产业园区多是在产业发展"内生需求"的基础上自然集聚，再由政府引导形成的，这在一定程度上造成了空间分散、重复建设的问题。因此，山东文化产业园区要形成主导产业清晰、识别度高、盈利能力强的集约化发展模式，在发展方式上既注重房东型、服务型、网络服务型的文化企业集聚形式，也鼓励项目集聚、"要素+业态"集聚等新型文化产业集群业态。具体来看，一方面，要着重推进现有文化产业园区的资源整合、提质增效工作，以各地区的发展规划为基础，准确把握与研判自身的优劣势条件，按照文化产业园区与城市景观风貌、功能布局的融合度，淘汰那些重复建设、定位模糊、发展潜力低、协同创新能力差的低效文化产业园区，通过金融扶持、人才引进、项目孵化、专业运营等措施提高园区的配套服务水平，提升文化产业园区的创新创业孵化能力；另一方面，要着力打造特色鲜明、定位明确、上下游产业衔接紧密、竞争力强的新型文化产业园区，通过文化产业资源的优化配置和整合集聚，重点培育一批特色文化产业集聚区、文化科技融合发展示范区、文化旅游与文化消费相互促进的先行区。

---

① 荆立群，薛耀文. 资源型地区文化产业空间集聚特征研究［J］. 经济问题，2020（5）：123-129.

突出地方特色，发挥区位优势，依据文化资源禀赋条件，形成错位协同、优势互补的区域文化产业集群发展模式，这是实现山东文化产业协调发展和转型升级的另一个重要支撑。宏观视角下的区域文化产业集群，首先，要以重点城市为核心，带动周边次级城市的发展；其次，要发挥核心城市对次级城市的辐射、扩散作用，形成更大范围的文化产业集聚效应；最后，要整合文化产业集聚区的资源，形成文化产业带状发展的新格局。依据山东各地市的空间布局特点、资源禀赋条件、经济基础状况和文化产业发展水平，将济南、青岛、济宁作为区域文化产业发展的核心城市。作为省会城市的济南，有着先天的资源集成优势，可以利用山东文化产业博览会、山东非物质文化遗产博览会、济南泉水文化节、文创设计协同创新中心等平台，整合泰安、淄博、德州、滨州、聊城等地区的资源，引领图书出版、新闻传媒、演艺娱乐、文化旅游、广告会展等传统文化产业行业的创新发展，形成强省会文化产业集聚区。青岛要发挥自身的区位优势和产业优势，利用青岛国际啤酒节、手工艺品博览会、东方影都等项目的拉动作用，整合烟台、威海、东营、日照、潍坊等地区的资源，引领影视制作、数字创意、时尚设计、动漫游戏、高端文化装备制造、版权贸易、文旅融合等新型文化产业业态的发展，形成胶东半岛文化产业集聚区。济宁可以充分利用传统文化资源优势，依托国际孔子文化节、茶博会、制造业与互联网融合发展博览会等平台，同时整合临沂、菏泽、枣庄等地市的资源，着力发展文化旅游、工艺品制造、文化演艺等文化产业行业，形成鲁南文化产业集聚区。在形成文化产业集聚区的基础上，整合区域内的产业资源，深入挖掘区域内文化资源的内涵，重点打造西部大运河文化产业带、中部红色文化产业带和东部海洋文化产业带三大带状高地，真正把文化产业做大做强。

7.3　政策建议

文化产业转型升级是一个复杂的系统性工程，它是不同国家或地区在特定的经济发展阶段，依据经济发展规律和产业发展趋势，通过政府政策的引导与市场机制的完善，使其在产业结构、产业组织、产业形态以及技术创新等方面发生的重大变革和调整，最终促成产业发展出现质的飞跃。因此，山东文化产业转型升级不仅需要发挥市场配置资源的作用，还需要政府在宏观政策环境、制度创新体系、创新人才培育等方面进行引导和规范。

7.3.1　优化文化产业宏观政策环境

宏观政策环境是文化产业生产力和竞争力的保障，良好的政策环境不仅可以推动文化产业健康、持续发展，而且能够保障文化产业转型升级的顺利实施。因此，要进一步优化山东文化产业转型升级的宏观政策环境，既要加快政府职能的转变，明晰政府的定位与引导政策，强化政府服务，也亟须完善相应的政策支撑体系。

改革红利是我国文化产业快速发展的重要动力，转变政府职能、科学制定产业发展规划是推动文化产业转型升级和实现跨越式发展的关键。根据山东省情和文化产业发展现状，应该加强转型升级的组织领导工作，建立以政府为责任主体的文化产业转型升级领导推进机制，在省、市、县各级政府成立相应的文化产业转型升级工作领导小组办公室，建立文化产业转型升级绩效考核和督导体系，将文化产业转型升级的效果与目标责任书进行对照，纳入相关职能部门的年度考核范围。同时，通过进一步转变政府职能，加快各级政府角色定位的调整，重新调配、理顺各部门之间的文化产业行政管理权限，建立国土税务部门、文化旅游、工商经信、司法商务、科技农业等多部门的联席会议机制，简化行政审批手续，提升办事效率，真正实现以政府为主导向以市场需求为主导的角色转变。在转变政府职能和加强组织领导的基础上，科学编制文化产业转型升级发展规划，规划的编制要借鉴行业管理人员、专家智库、文化从业人员等多方建议，提高规划的编制水平，突出规划的实效性和可操作性。

认真梳理和严格落实国家出台的文化产业发展相关的政策措施，在行政权力许可范围内，积极探索文化产业转型升级政策支撑体系的创新。一是制定引导和促进山东文化产业转型升级的政策，通过制定和实施文化产业技术改造与创新政策、落后文化产业淘汰政策，推动传统文化产业行业部门的转型升级。二是强化各级政府财政投资的支持力度，利用省级文化产业发展专项资金，重点扶持科技型和创新型文化产业项目、新旧动能转换重大项目以及已经上市或准备上市融资的文化企业，加大对文化科技类、文化创意类、文旅融合类等新型文化产业业态的奖励和补贴；同时，利用政府的财政资金有选择地购买文化产品和服务，为有发展前景、符合当前文化消费趋势的创新项目提供必要的资金支持，对这类新型文化企业进行奖励。三是创新金融扶持政策，设立文化产业专项投资基金，以股权投资的方式入股重大文化产业项目的建设，鼓励、引导各类金融机构对中小微文化企业的信贷支持，支持成长迅速、发展潜力大、竞争力强的文化企业与知名风险投资公司开展多种形式的合作以及上市融资。四是创新土地利用政策，优先满足符合转型升级要求的重大文化产业项目的用地需求，减免或降低文化科技类、文化创意类、文旅融合类等新型文化产业项目的土地出让金，鼓励因产能过剩退出的土地优先满足新型文化产业项目的用地需求。五是实施税收优惠政策，严格落实国家出台的文化企业相关的税收优惠政策，减轻各类文化企业纳税人的税收负担和运营成本，提高文化科技类、文化创意类、文旅融合类等新型文化企业的税收优惠力度。六是深化文化市场管理体制改革，提升文化市场的综合执法能力，加强文化市场管理信息化建设，贯彻落实文化市场审批事项进驻政务服务大厅的政策要求，简化文化市场准入流程，降低文化市场准入标准。七是完善知识产权的保护政策，建立全省文化产业重大项目库、文化创意库、文化资源数据库等，加强对各类文化品牌、文化商标的保护，建立侵害知识产权的法律救助机制。

7.3.2 完善文化产业制度创新体系

创新是文化产业转型升级的重要推动力和主流方向，构建科学完善的文化产业制度创新体系，是提高创新能力以及提升创新效率的有力保障。构建"政产学研用"于一体的文化产业制度创新体系，应该以政府服务为创新基础、以企业为创新主体、以市场需求为创新动力，以技术创新为创新支撑，促进创新成果的高效转化，激发各类人才的创新活力，真正形成"融各方资源、汇各方优势"的良性创新生态系统。

建立文化产业"政产学研用"的融合创新框架，形成相对完善的创新合作体系。一是提高政府的创新服务能力，成立文化产业"政产学研用"合作领导小组办公室，制定"政产学研用"合作的相关政策法规，明确各类创新主体的责任分工并运用多种手段激发创新积极性，强化重大文化产业项目的创新带动作用。二是突出文化企业的创新主体作用，鼓励省内的龙头文化企业、重点文化企业共建文化产业协同创新中心，让创新能力强、成长性好的文化企业积极承担核心技术、关键技术的创新攻关工作，发挥文化企业之间的协同创新效应，形成以龙头文化企业为引领、中小科技型文化企业为辅助的文化产业融合创新集群。三是发挥高等院校和科研院所的创新潜力，改革高等院校和科研院校的科研管理体制，鼓励科研人员到企业共同开展文化产业创新科研活动，支持企业优秀文化产业创新人才到高等院校担任"创新导师"，开展创新型人才的联合培养工作。四是激发各类人才的创新活力，建立以知识产权、技术要素入股的创新机制，加大对文化产业创新群落的扶持力度，营造全社会的文化创新氛围。

优化创新服务生态，建立创新成果转移转化的应用体系。一是提高文化产业创新服务的专业化水平，积极推进有关"政产学研用"战略联盟、公共服务平台和中介服务平台的建设，积极引进资质齐全、高水平的专业服务机构和管理团队，大力实施文化产业创新品牌培育工程，收集和整理有关产业发展和创新的信息并组织多种形式的交流会议。二是建立创新成果转移转化的应用体系，提高创新成果应用体系的规范化、信息化水平。重点打造文化产业融合创新生态示范圈，依托各级高新技术开发区、各类文化产业园区以及大型文化企业、科技企业等创新主体，建设融政策扶持、项目转化、金融投资、综合服务等于一体的文化产业新型业态培育基地、文化产业项目孵化与引进基地、传统文化产业转型升级示范基地、文化科技创新成果转化基地；积极利用 5G 技术、区块链、物联网、大数据等高新科技成果，促进各个创新主体之间的沟通、交流，提高创新成果转移转化应用的效率；建立和完善文化产业创新成果的规范化渠道，明确"政产学研用"各个主体的权责关系，积极推进文化产业创新成果的信息化建设，以信息化带动创新成果的商业化、产业化。

7.3.3 重视文化产业创新人才培育

"文化性"是文化产业与其他产业的显著区别，这就要求文化产品的生产者与消费者具备较高的文化素养。文化内涵丰富、制作精良的文化产品可以吸引文化消费者，高素质的文化消费群体又会刺激文化生产者的精益求精。由此可见，人才是文化产业供给与需求两端的重要组成部分，重视文化产业创新人才的培育，对于文化产业转型升级至关重要。推进山东文化产业转型升级创新人才培育的系统工程建设，以创新型人才为核心，以"引进来、留得住、干得顺"的人才培育机制为保障，通过政府、高校、企业协同作用的发挥，打造文化产业创新人才的高地。

从政府的角度来看，第一，制定和完善不同层级的文化产业创新人才评价体系，建立相应的数据库；第二，根据文化产业创新人才的市场需求状况，健全专门化、专业化的文化产业创新人才培训机制，为全省各地文化产业创新人才的培训做好引导和服务工作，加强对文化产业转型升级所需的高水平和高技能创新人才的培养；第三，制定和出台文化产业创新人才的选拔政策、激励政策，整合现有的人才培育工程，开展优秀创新人才培养计划、高端创意人才培养计划等文化产业人才的遴选，支持优秀人才以知识产权、无形资产、技术与管理等要素入股的方式参与产权分配；第四，完善高层次文化产业创新人才的引进政策，以优势产业、重点项目吸引人才的涌入，制定和出台紧缺型文化产业创新人才、文化产业高端人才和文化产业领军人才的引进政策，做好外籍高层次文化产业创新人才引进的服务工作；第五，形成全省文化产业创新人才"柔性流动"的新机制，促进省内文化产业创新人才的合理流动，带动全省文化产业创新人才的均衡发展；第六，搭建文化产业创新人才服务平台和创新创业孵化平台，支持文化产业创新人才的创新创业活动。

从高等院校的角度来看，第一，省内各高校要依据自身的办学层次和目标构建科学合理的文化产业创新人才培养模式，以文化产业转型升级所急需的紧缺人才为导向，有针对性地实施文化产业创新人才培养计划；第二，建立健全灵活多样的创新课程体系，推动新兴学科、前沿交叉学科的发展，重视相关专业核心课程体系的建设，为培养复合型、应用型文化产业人才奠定基础；第三，加强文化产业专业师资队伍建设，丰富和完善文化产业专业师资队伍的知识结构和学科体系，组织专业教师与当地文化企业人员开展双向互动交流，为专业教师到知名文化企业以及文化产业发达国家学习、考察提供必要支持，积极邀请文化产业发达国家的资深学者和知名文化企业家赴山东高校开设相关课程和讲座；第四，加强协同创新，以"模块化教学""校企联动"等方式进一步促进产学研的有机融合；第五，省内的应用型大学和高职院校，要注重文化产业转型升级所需的高水平和高技能创新人才的培养，以满足传统文化行业技术升级改造和新型文化产业业态发展对技能型创新人才的需求。

从文化企业的角度来看，一方面，完善企业的管理制度，建立灵活的工作制度，营造良好的企业文化氛围和舒适的文化创意环境；另一方面，完善企业的创新人才引进和激励制度，注重对优秀创新人才和创新团队的引进，通过股权或期权的形式激励创新人才；此外，企业还需完善创新人才的培训制度，为文化产业创新人才到相关高校、知名文化企业学习创造条件和机会。

7.4　本章小结

　　本章在分析山东文化产业转型升级外部环境的基础上，提出了具体的对策和政策建议。首先，山东文化产业转型升级的对策选择，需要从国际与国内的双重视角出发。从全球产业发展趋势来看，经济周期性危机、产业波动危机以及突发性公共卫生事件的叠加影响，使得文化经济在全球产业调整的过程中逐渐成为各国改变自身地位和提升综合实力的新的角斗场。同时，新的产业技术革命也正在引领文化产业发展模式的变革。从国内经济发展动态来看，经济进入新常态的背景、社会经济主要矛盾的变化以及国内市场需求的状况，都对文化产业的发展提出了新的要求。从区域经济发展环境的角度来看，山东正处在由大到强的关键性转变阶段，新旧动能转换工程的推进，为文化产业转型升级提供了有利的契机。其次，推动文化产业技术的进步，促进文化产业的融合发展，提高文化资源的转化效率，加快现代文化产业体系建设，协调区域文化产业集群发展，是山东文化产业转型升级的主要对策措施。从政策建议层面来看，建立健全文化产业宏观政策引导体系和支撑体系，构建"政产学研用"于一体的文化产业制度创新体系，建立"政府—高校—企业"的文化产业创新人才培育体系，是山东今后政策调整的着力点。

8 研究结论与展望

8.1 研究结论

　　本书在界定文化产业转型升级概念的基础上，以产业组织理论、产业结构理论、产业布局理论、产业政策理论和产业创新理论为基础，从定性分析与定量研究相结合的视角对山东文化产业转型升级进行探索，丰富了文化产业研究的内容与方法。论文从动力与趋势、整体与局部、水平评价与影响因素等多个维度展开系统分析，将问题意识贯穿研究的始终，对山东文化产业转型升级中的各种问题进行系统归纳与判断分析，并充分利用质化研究与量化研究的不同特点，来增强对现实问题分析的理论穿透力和直观反映，以期为具体的产业实践提供切实有效的参考依据。通过理论分析和实证研究，得出如下结论：

　　第一，产业转型升级是一个综合性的概念，它是指借助科学技术的更新进步，提高产业经济各要素的利用效率和协作程度，以带动产业体系的良性发展和经济发展方式的转变。与传统的第一、第二产业不同，文化产业具有文化和经济的双重属性，这就决定了文化产业转型升级的特殊性。传统的第一、第二产业转型升级的关键是提高生产资料的利用率，这对科学技术的进步产生了较强的依赖性。文化产业转型升级的关键是提高文化内容的吸引力，科学技术在此过程中发挥了重要的作用，但并不属于核心要素，核心要素是创意创新能力的发挥。因此，文化产业转型升级是以互联网和数字技术为基础，通过创新创意能力的发挥和产业间的深度融合，推动文化产业结构的优化和调整，实现文化产业发展方式由资源型、粗放化向创意型、集约化的转变，以提高文化产业的规模化和专业化水平。文化产业转型升级受宏观动力与微观动力双重因素的共同推动，呈现出创意化、融合化、数字化、集群化、国际化趋势。

第二，文化产业转型升级是一个系统性的动态过程，通过分析可以发现，山东文化产业转型升级的过程是不同类型的文化产业行业部门以及各个地市之间的竞争和合作的过程，这种竞争和合作的趋势呈现出周期性协同演进的特征，因此，在转型升级的初始探索、深入推进以及成熟稳定阶段需要相应地选择产业创新、IP 产业链以及深度融合等路径。

第三，通过运用产业结构超前系数和 Lilien 指数对山东文化产业转型升级的方向和速度进行计量分析。在方向上，2015~2019 年相较于 2010~2014 年，山东文化产业呈现出超前发展的特点，劳动力密集型文化产业系数明显下降，而资本和技术密集型文化产业系数明显上升。青岛、济南、烟台、潍坊、东营、淄博等地区在资本与技术密集型文化产业方面发展较好，日照、临沂等地区在劳动力密集型文化产业方面发展势头较为强劲。全省资本与技术密集型文化产业的超前系数和济南、青岛、东营等地区的系数相比差距较大，表明全省存在明显的地区文化产业发展不平衡的问题，需要政府的统筹规划来协调各地均衡发展。在速度方面，山东文化产业转型升级的速度在 2015 年后明显加快，全省总体的 Lilien 值低于济南、青岛、烟台、潍坊、淄博、济宁、东营等地区，这主要是受日照、临沂、聊城等文化产业转型升级速度较为缓慢地区的影响。

第四，结合已有研究，构建了文化产业转型升级水平评价指标体系，并就山东文化产业转型升级水平的现实状况进行具体测算。结果表明，2010~2019 年，山东文化产业转型升级的水平由 2010 年的 0.192 提升到 2019 年的 0.874，提升效果明显，其中，济南、青岛两地的水平明显高于其他地区，烟台、潍坊、淄博和济宁 4 地紧随其后，威海、聊城、德州、泰安、东营、日照、临沂低于全省平均水平；在截面数据方面，就 2018 年和 2019 年的数据分析，山东各地市之间文化产业转型升级的水平虽然存在较大差距，但差距也在不断缩小，除临沂和日照两市外，其他地区的文化产业转型升级水平均为正数。

第五，通过对山东出版、台儿庄古城文化产业园以及山影集团三个典型案例的分析，对文化产业转型升级影响因素进行阐释和提炼出带有共性的结论，在此基础上构建了山东文化产业转型升级影响因素的实证分析模型。研究结果表明，各个指标与文化产业转型升级均存在正相关关系，其中文化产业管理水平、文化产业创新水平以及文化产业人力资源与文化产业转型升级的相关度较高，文化产业结构和文化产业经济指标与文化产业转型升级的相关度相对较低，这主要是受山东省情的影响。

第六，基于全球产业发展趋势、国内经济发展动态以及区域经济发展环境，山东文化产业转型升级的对策选择，应该着力推动文化产业技术的进步，促进文化产业的深度融合发展，提高文化资源的转化效率，加快现代文化产业体系的建设以及协调区域文化产业集群的发展。同时，在政策制定方面，要优化文化产业宏观政策环境，完善文化产业制度创新体系，重视文化产业创新人才培育。

8.2　研究不足与展望

近年来，随着各国对文化产业的重视，学术界对于文化产业的相关研究逐步走向深化和拓展，针对文化产业转型升级的研究成果逐年增多，研究视角、研究路径和研究内容也在不断丰富。鉴于此，本书虽然尝试从定性分析与定量研究相结合的角度，以山东为研究对象，深入阐释与文化产业转型升级有关的问题，但囿于本人在理论学识和实践积累的不足及数据获取的受限，仍存在以下不足，有待下一步研究中继续探索：

（1）文化产业转型升级是一个复杂的系统性工程，也是一个新的研究课题，现今的研究多处于单一维度，尚未形成理论体系，可借鉴的学术资料和成果非常少，这在一定程度上限制了本书的深度和广度。因此，在今后的研究工作中，亟待进一步丰富和完善文化产业转型升级研究的理论认识。

（2）当前国内外并没有针对文化产业转型升级水平测度的权威指标体系，本书通过对相关领域的相关理论和研究成果进行归纳总结，结合山东文化产业发展的现实状况，尝试构建了具体的指标体系，能否得到学术界和行业认可，还有待进一步检验。囿于数据可获得性的限制，本书采用的均是相关部门统计年鉴、统计公报和政府网站等官方披露的统计数据，部分地级城市的数据披露甚少，向相关统计局索取也未能获得，这些都制约了研究数据的收集、整理和相应的实证研究工作的推进。因此，未来的研究中可以进一步丰富和优化相关的评价指标体系，为文化产业转型升级水平测度提供更为科学的评价方案。

（3）在山东文化产业转型升级影响因素的分析中，本书参考了现有研究中被证实具有影响作用的指标，并加以检验。尽管如此，由于文化产业关联性强的特征，相关的影响因素非常复杂，部分影响因素难以量化，因此在指标的选择上无法做到完全覆盖，也不可能在回归模型中涵盖所有影响因素，从这个意义上说，本书实证分析的结果并不能完全解释实际情况，仅是概率上的统计说明。因此，在未来影响因素的研究中，应将更多的变量纳入理论分析模型。

参考文献

一、著作

[1] 熊澄宇. 世界文化产业研究 [M]. 北京: 清华大学出版社, 2012.

[2] 向勇. 文化的流向: 发展文化产业学论稿 [M]. 北京: 中国文联出版社, 2016.

[3] 张胜冰, 徐向昱, 马树华. 世界文化产业导论 [M]. 北京: 北京大学出版社, 2014.

[4] 景维民. 转型经济学 [M]. 天津: 南开大学出版社, 2003.

[5] 郭飞斌. 新型城市化与工业化道路——生态城市建设与产业转型 [M]. 北京: 经济管理出版社, 2006.

[6] 金元浦. 中国文化产业十家论集——金元浦集 [M]. 昆明: 云南大学出版社, 2015.

[7] 查尔斯·琼斯. 经济增长导论 [M]. 舒元等, 译. 北京: 北京大学出版社, 2002.

[8] 史征. 产业升级: 中国文化产业发展的责任与使命 [C] // 中国文化产业评论: 13 卷. 上海: 上海人民出版社, 2015: 183-192.

[9] 柏拉图. 理想国 [M]. 王净, 译. 重庆: 重庆出版社, 2016.

[10] 魏农建. 产业经济学 [M]. 上海: 上海大学出版社, 2008: 44.

[11] 现代管理词典编委会. 现代管理词典 (第 3 版) [M]. 武汉: 武汉大学出版社, 2012.

[12] 钱纳里. 工业化和经济增长的比较研究 [M]. 吴奇, 王松宝, 译. 上海: 格致出版社, 2015.

［13］威廉·阿瑟·刘易斯．二元经济论［M］．施炜，谢兵，苏玉宏，译．北京：北京经济学院出版社，1989.

［14］阿尔伯特·赫希曼．经济发展的战略［M］．曹征海，潘照东，译．北京：经济科学出版社，1991.

［15］筱原三代平．产业结构论［M］．北京：中国人民大学出版社，1990.

［16］大卫·李嘉图．政治经济学及赋税原理［M］．周洁，译．北京：华夏出版社，2013.

［17］薛黎明，李翠平．资源与环境经济学［M］．北京：冶金工业出版社，2017.

［18］朱涛．现代产业经济学［M］．郑州：河南大学出版社，2016.

［19］阿尔弗雷德·韦伯．工业区位论［M］．李刚剑，译．北京：商务印书馆，2010.

［20］克里斯塔勒．德国南部的中心地原理［M］．王兴中，译．北京：商务印书馆，2016.

［21］弗里德里希·李斯特．政治经济学的国民体系［M］．陈万煦，译．北京：商务印书馆，1961.

［22］姜达洋．现代产业政策理论新进展及发展中国产业政策再评价［M］．北京：经济日报出版社，2016.

［23］约瑟夫·熊彼特．经济发展理论［M］．牛张力，译．北京：中国社会出版社，1999.

［24］陈春生，杜成功，路淑芳．创新理论与实践［M］．石家庄：河北人民出版社，2014.

［25］李士，徐治立，李成智等．创新理论导论［M］．合肥：中国科学技术大学出版社，2009.

［26］李仲生．欧美人口经济学说史［M］．北京：世界图书北京出版公司，2013.

［27］庄卫民，龚仰军．产业技术创新［M］．上海：东方出版中心，2005.

［28］道格拉斯·诺斯．制度、制度变迁与经济绩效［M］．杭行，译．上海：格致出版社，2014.

［29］弗农·拉坦．诱致性制度变迁理论［C］//科斯等．财产权利与制度变迁：产权学派与新制度学派译文集．刘守英，译．上海：上海三联书店，1994.

［30］彼得·德鲁克．创新与创业精神：变革时代的管理原则与实践［M］．张炜，译．上海：上海人民出版社，2002．

［31］戴布拉·艾米顿．知识经济的创新战略——智慧的觉醒［M］．金周英等，译．北京：新华出版社，1998．

［32］向勇．文化立国［M］．北京：华文出版社，2012．

［33］马克思，恩格斯．马克思恩格斯论巴枯宁主义［M］．中共中央马克思恩格斯列宁斯大林著作编译局，译．北京：人民出版社，1980．

［34］张晓明．中国文化产业十家论集——张晓明集［M］．昆明：云南大学出版社，2015．

［35］连玉明等．新改革经济学［M］．北京：当代中国出版社，2013．

［36］胡惠林．文化产业学——现代文化产业理论与政策［M］．上海：上海文艺出版社，2006．

［37］林毅夫，蔡昉，李周．中国的奇迹：发展战略与经济改革［M］．上海：上海人民出版社，1994．

［38］吴炳新．消费经济学［M］．北京：对外经济贸易大学出版社，2016．

［39］雷蒙·威廉斯．文化与社会 1780—1950［M］．高晓玲，译．长春：吉林出版集团，2011．

［40］李向民．中国文化产业史［M］．长沙：湖南文艺出版社，2006．

［41］涂可国．波澜壮阔的历史篇章——山东改革开放 40 周年（文化篇）［M］．济南：山东人民出版社，2018．

［42］贾楠．2013 中国文化及相关产业统计年鉴［M］．北京：中国统计出版社，2013．

［43］张华．山东改革开放三十年［M］．济南：山东人民出版社，2008．

［44］万东华，李建臣．2019 中国文化及相关产业统计年鉴［M］．北京：中国统计出版社，2019．

［45］张华．2011 年山东发展重大课题研究报告［M］．济南：山东人民出版社，2011．

［46］中华人民共和国文化和旅游部．2018 文化发展统计分析报告［M］．北京：中国统计出版社，2018．

［47］薛永武．人才发展的主体性因素［M］．北京：中国社会科学出版社，2020．

［48］张仲梁，高书生．2018 中国文化及相关产业统计年鉴［M］．北京：中国统计出版社，2018.

［49］胡惠林．文化产业发展的中国道路——理论·政策·战略［M］．北京：社会科学文献出版社，2018.

［50］张胜冰．文化资源学导论［M］．北京：北京大学出版社，2017.

［51］王德成．生产力经济学［M］．北京：中国农业大学出版社，2005.

［52］华尔特·惠特曼·罗斯托．经济增长的阶段：非共产党宣言［M］．郭熙保，王松茂，译．北京：中国社会科学出版社，2001.

［53］John D. Adams. Transforming Work［M］. Alexandria, VA：Miles Review Press, 1984.

［54］R. Locke, T. Kochan. Conclusion：The Transformation of Industrial Relations：A Cross-National Review of the Evidence. Employment Relations in a Changing World Economy［M］. Cambridge：MIT Press, 1998.

［55］Humphrey, Schmitz. Governance and Upgrading：Linking Industrial Cluster and Global Value Chain［M］. IDS Working Paper 120, Brighton：Institute of Development Studies, 2000.

［56］Poh-Kam Wong, Chee-Yuen Ng. Industrial Policy, Innovation and Economic Growth：the Experience of Japan and the Asian NIEs［M］. Singapore：Singapore University Press, 2001.

［57］J. Robinson. The Economics of Imperfect Competition［M］. London：Macmillon Press, 1933.

［58］E. H. Chamberlin. The Theory of Monopolistic Competition［M］. Cambridge：Harvard University Press, 1933.

［59］J. S. Bain. Industrial Organization（2nd ed）［M］. New York：John wiler, 1968.

［60］F. M. Scherer. Industrial Market Structure and Economic Performance［M］. Boston：Houghton Mifflin, 1970.

［61］William Petty. Several Essays in Political Arithmetick［M］. London：Routledge/Thoemmes Press, 1699.

［62］Colin Clark. The Conditions of Economic Progress［M］. London：Macmillan. 3rd edition, 1957.

［63］ Simon Smith Kuznets. National Income and Its Composition, 1919 - 1938 ［M］. London：Macmillan & Co, 1941.

［64］ Albert Otto Hirschman. The Strategy of Economic Development ［M］. New haven：Yale University Press, 1958.

［65］ Walt Whitman Rostow. The Theory of Stage of Economic Growth ［M］. London：Macmillan & Co, 1960.

［66］ Richard Bingham. Industrial Policy American Style ［M］. New York：M. E. Sharpe, 1997.

［67］ Sanjaya Lall. Reinventing Industrial Strategy：The Role of Government Policy in Building Industrial Competitiveness ［R］. The Intergovernmental Group on Monetary Affairs and Development, 2003.

［68］ Christopher Freeman. Technology Policy and Economic Performance：Lessons from Japan ［M］. London：London Pinter, 1987.

［69］ Richard Florida. The Rise of the Creative Class ［R］. Richard Florida Creativity Group, 2005.

二、期刊论文

［1］张建平. 澳门信息业发展与产业转型 ［J］. 广东社会科学, 1999（4）：18-22.

［2］毛蕴诗. 从广东实践看我国产业的转型、升级 ［J］. 经济与管理研究, 2008（7）：15-23.

［3］卓勇良. 日本经济格局与结构变动及其对浙江的启示 ［J］. 商业经济与管理, 2010（11）：53.

［4］姜泽华, 白艳. 产业结构升级的内涵与影响因素分析 ［J］. 当代经济研究, 2006（10）：53-56.

［5］潘冬青, 尹忠明. 对开放条件下产业升级内涵的再认识 ［J］. 管理世界, 2013（5）：178-179.

［6］金碚. 工业的使命和价值——中国产业转型升级的理论逻辑 ［J］. 中国工业经济, 2014（9）：51-64.

［7］孙文远. 产品内价值链分工视角的产业升级 ［J］. 管理世界, 2006（10）：155-157.

［8］张其仔．比较优势的演化与中国产业升级路径的选择［J］．中国工业经济，2008（9）：58-68.

［9］朱瑞博．核心技术链、核心产业链及其区域产业跃迁式升级路径［J］．经济管理，2011（4）：43-53.

［10］张银银，邓玲．创新驱动传统产业向战略性新兴产业转型升级：机理与路径［J］．经济体制改革，2013（5）：97-101.

［11］林毅夫，蔡昉，李周．比较优势与发展战略——对"东亚奇迹"的再解释［J］．中国社会科学，1999（5）：4-20.

［12］刘志彪，陈柳．政策标准、路径与措施：经济转型升级的进一步思考［J］．南京大学学报，2014（4）：48-56.

［13］李鹏飞．促进传统产业转型升级的政策转型研究——基于产业技术经济特征的分析［J］．当代经济管理，2017（10）：44-48.

［14］宋巍，顾国章．关于我国制造业产业升级路径的考察［J］．商业时代，2009（18）：103-104.

［15］赵玲玲．珠三角产业转型升级问题研究［J］．学术研究，2011（8）：71-75.

［16］汪德荣．新常态下欠发达地区工业转型升级路径研究——基于南宁市的实证研究［J］．广西师范学院学报（哲学社会科学版），2015，36（5）：24-32.

［17］程惠芳，唐辉亮，陈超．开放条件下区域经济转型升级综合能力评价研究——中国31个省市转型升级评价指标体系分析［J］．管理世界，2011（8）：173-174.

［18］林毅夫．潮涌现象与发展中国家宏观经济理论的重新构建［J］．经济研究，2007（1）：126-131.

［19］张冰，金戈．港台产业结构变迁：模型与比较［J］．台湾研究，2007（2）：12-24.

［20］洪银兴．向创新型经济转型——后危机阶段的思考［J］．南京社会科学，2009（11）：1-5.

［21］张纯，潘亮．转型经济中产业政策的有效性研究——基于我国各级政府利益博弈视角［J］．财经研究，2012（12）：84-94.

［22］郁珏．中国制造业转型升级中产业政策的绩效研究［J］．佳木斯职业

学院学报，2018（12）：464-466.

[23] 周松峰，郑立勇．文化产业升级的二维价值论 [J]．福建省社会主义学院学报，2003（4）：77-79.

[24] 赵渊．"腾笼换鸟"：文化产业转型升级新路径 [J]．经济论坛，2012（9）：124-127.

[25] 陈福喜．文化产业转型升级视域下的历史文化资源开发 [J]．绍兴文理学院学报，2015，35（2）：94-96.

[26] 赖昭瑞，冯星宇．文化消费促进文化产业转型升级的实证研究 [J]．山东财经大学学报，2017（6）：65-74.

[27] 凌钢．启动创新转型和资本运作两个引擎实现文化产业升级发展 [J]．上海经济，2015（1）：30.

[28] 李鸿，张瑾燕．供给侧改革与民族地区文化产业的转型升级 [J]．大连民族大学学报，2016，18（4）：289-293.

[29] 詹双晖．文化产业创新的机制与条件——兼谈广东文化产业实施创新驱动推动产业转型升级的路径 [J]．改革与战略，2017，33（11）：145-149.

[30] 王明明，孟程程．科技创新与文化消费的互动机制及对文化产业转型升级的影响——基于供给侧改革视域的分析 [J]．税务与经济，2019（1）：50-55.

[31] 管宁．加快转型强化创意大力推进文化产业升级 [J]．福建论坛（人文社会科学版），2008（11）：110-112.

[32] 顾江．全球价值链视角下文化产业升级的路径选择 [J]．艺术评论，2009（9）：80-86.

[33] 顾江，郭新茹．科技创新背景下我国文化产业升级路径选择 [J]．东岳论丛，2010（7）：72-75.

[34] 练红宇，何方永，夏敬标．成都市文化产业转型升级发展的比较优势探析 [J]．成都大学学报（自然科学版），2011，30（4）：374-378.

[35] 余博．文化全球化语境下我国文化产业的转型升级 [J]．出版广角，2014（10）：14-17.

[36] 陈明师，黄桂钦．供给侧改革：文化产业转型升级的路径选择——基于福建省文化产业发展实证分析 [J]．发展研究，2016（10）：64-72.

[37] 张召．关于文化产业转型升级的思考 [J]．市场研究，2019（1）：7-8.

［38］欧世平．安徽省文化产业转型升级之现实路径选择［J］．华东经济管理，2014，28（8）：81-84．

［39］黄夏先，钟荣丙．文化科技融合的实践探索：湖南文化产业转型升级之路［J］．技术与创新管理，2015，36（4）：369-374．

［40］韩英，冯兵．四川文化产业转型升级的优势、问题与对策［J］．文化产业研究，2016（1）：218-227．

［41］周松峰．"五大发展理念"下福建文化产业转型升级的方向与路径［J］．厦门特区党校学报，2017（6）：73-77．

［42］刘洪霞．经济转型进程中的深圳文化产业升级研究［J］．中国文化产业评论，2015（1）：193-203．

［43］金元浦．全球竞争下5G技术与中国文化创意产业的融合新变［J］．山东大学学报（哲学社会科学版），2020（5）：74-85．

［44］李亦宁，刘磊．论陕西广告文化产业的转型与升级［J］．新闻界，2013（2）：64-67．

［45］党雷．影视产业转型升级需大数据技术支撑［J］．中国文艺评论，2016（10）：39-42．

［46］殷克涛．出版投融资与出版产业的转型升级［J］．编辑之友，2018（2）：50-54．

［47］王宝德，李会勋，蓝色经济与多元山东文化产业发展［J］．山东青年政治学院学报，2012（5）：114-118．

［48］杨金磊，王迎建．基于SWOT分析的山东省文化产业发展对策研究［J］．枣庄学院学报，2014（6）：66-69．

［49］聂黎．推动山东经济文化融合发展对策研究［J］．理论学刊，2015（11）：68-74．

［50］李会勋，周静．山东半岛蓝色经济区文化产业发展趋势研究［J］．山东科技大学学报（社会科学版），2017（4）：84-88+111．

［51］王虹．山东文化产业国际竞争战略分析［J］．东岳论丛，2010（4）：160-162．

［52］单敏，桑兰兰．打造山东文化产业品牌对策研究［J］．中国行政管理，2013（10）：124-125．

［53］张振鹏．山东文化产业转型升级的对策研究［J］．人文天下，2016

（6）：5-12.

［54］杨光，于秀艳．文化和科技融合对山东文化产业转型升级影响及对策研究［J］．科技与创新，2018（15）：88-90.

［55］宋春燕，王丽梅．经济发展、居民消费对山东文化产业驱动的实证研究——基于 VAR 模型的脉冲响应分析［J］．山东财经大学学报，2016，28（4）：44-31.

［56］臧丽娜．论网络传播趋势下山东民俗旅游文化产业的传播策略［J］．山东社会科学，2010（9）：35-39.

［57］张萍．发展地方特色文化产业路径探析——山东日照农民画产业发展实证研究［J］．前沿，2014（7）：204-205.

［58］蔡林．山东广电文化产业核心驱动力分析［J］．青年记者，2014（22）：65-68.

［59］马金龙．临沂文化体制改革与文化产业发展研究［J］．改革与开放，2013（4）：9.

［60］梁敬升．新型工业化城市生态文化产业的发展——以东营市为例［J］．中国石油大学学报（社会科学版），2016（6）：31-35.

［61］王珊．体验经济视角下的文化产业发展——以济宁文化产业为例［J］．管理观察，2017（25）：102-104.

［62］吴汉洪．西方产业组织理论在中国的引进及相关评论［J］．政治经济学评论，2019（1）：3-21.

［63］黄少安．新旧动能转换与山东经济发展［J］．山东社会科学，2017（9）：101-108.

［64］戴维·思罗斯比．什么是文化资本［J］．潘飞，译．马克思主义与现实，2004（1）：50-55.

［65］吴忠，李凤亮，向勇等．文化科技融合助推产业升级——2012 文化科技创新论坛专家观点摘编［N］．中国文化报，2012-12-04（011）.

［66］厉无畏．产业融合与产业创新［J］．上海管理科学，2002（4）：4.

［67］向勇．创意融合：中国文化产业的发展趋势与新常态［J］．艺术评论，2015（5）：33-38.

［68］祁述裕．把握文化产业集聚发展的特点与趋势［N］．光明日报，2018-12-03（007）.

［69］田秋生．高质量发展的理论内涵和实践要求［J］．山东大学学报（哲学社会科学版），2018（6）：1-8.

［70］李培峰．新时代文化产业高质量发展：内涵、动力、效用和路径研究［J］．重庆社会科学，2019（12）：113-123.

［71］张洋．举旗帜　聚民心　育新人　兴文化　展形象　更好完成新形势下宣传思想工作使命任务［N］．人民日报，2018-08-23（001）．

［72］齐骥．文化产业供给侧结构性改革的要素与行动逻辑研究［J］．东岳论丛，2016（10）：14-21.

［73］高燕．产业升级的测定及制约因素分析［J］．统计研究，2006（4）：47-49.

［74］谭晶荣等．产业转型升级水平测度及劳动生产率影响因素估测——以长三角地区16个城市为例［J］．商业经济与管理，2012（5）：73-76.

［75］张宏娟，范如国，张应青．传统制造业集群低碳转型升级的演化机理及策略研究［J］．商业经济与管理，2016（6）：64-72.

［76］史竹琴，朱先奇，苏妮娜．科技型产业园区低碳转型的动态演化研究——基于利益相关者视角［J］．软科学，2020（4）：1-13.

［77］宋洋洋，辛婷婷．文化产品品牌评价指标体系构建与实证［J］．统计与决策，2019，35（21）：50-53.

［78］李丽梅．我国休闲产业发展评价指标体系构建研究［J］．湖北理工学院学报（人文社会科学版），2019，36（5）：1-7+34.

［79］王家明，丁浩，李红．山东文化产业竞争力指标体系及实证评价研究［J］．甘肃科学学报，2019（4）：121-128+136.

［80］孙怡帆，杜子芳，邢景丽．基本公共服务绩效评价指标体系的构建［J］．统计与决策，2016（5）：43-45.

［81］魏扣．创新型企业知识管理评价指标体系构建及其优化［J］．知识管理论坛，2013（12）：10-17.

［82］徐静．以创新推动出版融合发展［J］．山东画报，2019（3）：40-41.

［83］山东出版传媒股份有限公司出版业务部．创新"走出去"模式打造"走出去"品牌影响力［J］．出版参考，2019（12）：20-23.

［84］张健，杨超，公晓慧．深挖主题出版的时代"富矿"［J］．山东画报，

2018（11）：60-65.

［85］朱彧．存古、复古、创古的北国水乡台儿庄古镇的新方略［J］．商品与质量，2011（37）：50-57.

［86］张林．2012年以来"鲁剧"创作嬗变原因探究［J］．百家评论，2019（5）：125-130.

［87］王天宇，刘富国．山影：让艺术与市场双赢［J］．走向世界，2016（45）：68-71.

［88］王海青．关于"鲁剧"文化产业建设的调研与思考［J］．现代视听，2016（1）：20-24.

［89］孔令顺，朱琳．从"鲁剧"作品到山影"出品"的品牌嬗变［J］．电视研究，2016（11）：68-71.

［90］厉无畏．文化创意产业发展的三条可行路径［J］．前线，2013（3）：27-28.

［91］杨君．靠创新激活消费潜力［N］．光明日报，2014-01-22（014）.

［92］新华社．全面贯彻党的十八届五中全会精神落实发展理念推进经济结构性改革［N］．人民日报，2014-11-11（001）.

［93］周群峰．山东：经济大省因何主动"示弱"［J］．决策探索（上），2018（4）：67-71.

［94］姚冬琴．31省份GDP总量、增速大比拼：谁富可敌国？谁增长垫底？［J］．中国经济周刊，2019（4）：30-33.

［95］胡锦涛．坚定不移沿着中国特色社会主义道路前进　为全面建成小康社会而奋斗——在中国共产党第十八次全国代表大会上的报告［N］．人民日报，2012-11-18（001）.

［96］Christopher L. Erickson, Sarosh Kuruvilla. Industrial Relations System Transformation［J］. Industrial and Labor Relations Review, 1998, 52（1）：3-21.

［97］Noren, Ronney. Industrial Transformation in the Open Economy：A Multi-sectoral View［J］. Journal of Policy Modeling, 1998, 20（1）：111-117.

［98］Jan Rotmans. Towards an Integrated Approach for Sustainable City Planning［J］. Journal of Multicriteria Decision Analysis, 2000, 9（1-3）：110-124.

［99］Gary Gereffi. International Trade and Industrial Upgrading in the Apparel Commodity Chains［J］. Journal of International Economics, 1999（48）：37-70.

［100］Martin Bell, Michael Albu. Knowledge Systems and Technological Dynamism in Industrial Clusters in Developing Countries ［J］. World Development, 1999, 27 (9): 1714-1734.

［101］Simon Kuznets. Modern Economic Growth: Findings and Reflections ［J］. The American Economic Review, 1973, 63 (3): 247-258.

［102］J. Bradford DeLong. The Future of the Multinational Enterprise in Retrospect and in Prospect ［J］. Science, 1995 (3): 317-322.

［103］Susan Bagwell. Creative Clusters and City Growth ［J］. Creative Industries Journal, 2008, (1): 31-46.

［104］Kaname Akamatsu. A Theory of Unbalanced Growth in the World Economy ［J］. Weltwirtschaftliches Archiv, 1961, 86 (2): 195-217.

［105］J. Maynard Smith. The Theory of Games and the Evolution of Animal Conflicts ［J］. Journal of Theoretical Biology, 1974, 47 (1): 209-221.

［106］J. Maynard Smith, G. R. Price. The Logic of Animal Conflict ［J］. Nature, 1973 (2): 14-18.

三、学位论文

［1］刘昂. 山东民间艺术产业开发研究 ［D］. 山东大学博士论文，2010.

［2］刘显世. 山东会展业发展研究（1990-2014 年）［D］. 山东大学博士论文，2017.

［3］徐敏燕. 资源型产业集群动态演化及可持续发展研究 ［D］. 浙江大学博士论文，2012.

［4］董雪梅. 公共历史文化资源的产业开发——以济南市为个案研究 ［D］. 山东大学博士论文，2008.

致　谢

　　本书初稿完成时，正值雷雨交加，内心感慨万千。回首博士求学与论文写作的历程，论文开题之时，恰逢我的孩子出生；论文完成时，他已能呼喊"爸爸""妈妈"等简单称呼，岁月流逝之感，油然而生。整个博士研究生的求学过程，犹如漫漫长夜中的执着前行，一路走来，有幸得到了挚爱的师长亲朋的关心、帮助、支持与鼓励，太多的感动、感激与感谢涌上心头。

　　感谢我的恩师张胜冰教授，"我是如此平凡，却又如此幸运"，能够进入师门是我莫大的荣幸。先生学识渊博、治学严谨、为人正直、对学生严爱有加，是我一生追随与学习的榜样。在论文的选题和写作过程中，先生一直不厌其烦地给予指导和建议，不遗余力地修改字句，鼓励我不断深入学习，尝试在研究视角和方法上进行探索。在生活中，先生给予了我无微不至的关怀与帮助，让我在不堪生活重负时感受温暖的力量勇敢向前。感谢您在我人生的道路上留下的指明灯般浓墨重彩的这段时光，师恩铭记心间，永不忘怀！

　　感谢文新学院和管理学院的老师们，他们不仅为我传授了丰富的知识，而且各位老师在学问上的一丝不苟和为人的低调谦和，使我终生难忘，感谢他们在我学习的重要阶段给予的关心和指导。特别需要感谢在博士论文写作中给予指导的薛永武教授、朱自强教授、曲金良教授、刘怀荣教授、康建东教授、温奉桥教授、张立波教授等各位导师，他们提出了对论文非常有价值的意见和建议，对开阔我写作的思路和论文的顺利完成都有极大的帮助。

　　特别感谢山东艺术学院的李景平教授，她是我的硕士研究生导师，她的关心与鼓励，一直铭记于心。感谢阳光学院的杨吉华教授，没有他的鞭策与支持，或许我不会鼓起勇气继续读博。感谢吉林工程技术师范学院的袁连升教授、北京大学的王乐乐师妹，给予我的无私帮助。还要感谢山东工商学院的刘涛教授、济南大学泉城学院的姜华老师和程培伟老师、山东省科协的王鹏师哥、济南六艺教育的冀淑玲女士、金乡县电视台的李化栋先生，一直以来，你们给予了我无限的关心。

感谢文化产业管理专业的博士同学们，大家给予的支持与帮助，让我的博士求学生活丰富多彩！感谢 2017 级博士班的同学们，与你们相遇是一场缘分！特别感谢卢飞老师，无论是生活还是学习，都给予了我极大的鼓励与帮助，你的学习建议与指导让我受益颇多，和你的相识让我更加珍视友情的可贵！

感谢我的父母，你们含辛茹苦地把一个农村孩子养育长大，并一直为我争取更高阶段的学习机会默默付出，不断给予我前行的力量。感谢我的岳父、岳母的支持，使我得以安心地完成学业。感谢我的妻子，你独自承担家庭的重担，在孝顺父母、照顾年幼的孩子的同时，还考取了研究生，付出的艰辛可想而知。

最后，衷心感谢在百忙中抽时间评阅论文和参加论文答辩的各位教授、专家！

来日方长，惟愿学而不厌，上下求索。

王元伦

2020 年 12 月

后　记

　　转眼间，博士毕业已经两年有余，毕业后，继续在高校从事文化产业的教学与科研工作。在这两年多的时间里，文化新业态不断涌现，文化产业发展模式不断更新，自己对"文化产业转型升级"的思考也在不断深化、拓展。

　　党的二十大报告指出，"繁荣发展文化事业和文化产业。""健全现代公共文化服务体系，实施重大文化产业项目带动战略。""推进文化自信自强，铸就社会主义文化新辉煌。"从"自信"到"自信自强"，对文化产业高质量发展提出了更深刻、更高远的时代定位，也为文化产业转型升级提供了新思路，指明了新方向。因此，在本书的出版中，对博士毕业论文的部分观点进行了更新，对部分文字表述做了必要的润色，以期形成更为与时俱进的观点。

　　感谢山东管理学院的支持，为我提供了新的事业发展平台！感谢山东管理学院艺术学院领导、同事的帮助，为我提供了舒适的工作环境，让我能够安心从事教学与科研工作！

　　感谢经济管理出版社张馨予女士对该书出版给予的极大关心与帮助，对张老师认真负责的态度致以诚挚的敬意！

　　在本书出版之际，求学与工作的点点滴滴总是浮现眼前，感谢我的恩师、同事、学生们，让我一直对文化产业管理专业充满了热爱。《山东文化产业转型升级研究》作为博士毕业论文今天看来仍存不足之处，但毕竟倾注了自己的心血，但愿本书的出版能为相关的学术研究与产业实践提供一定的参考与启发，也欢迎各位同仁批评指正，共同为我国文化产业的发展献言献策。

王元伦

2023 年 9 月 15 日于长清湖畔